记者眼中的时代楷模

张玉滚

吕志雄 ◎ 主编

中国言实出版社

图书在版编目(CIP)数据

记者眼中的时代楷模张玉滚 / 吕志雄主编 . -- 北京：中国言实出版社, 2022.11

ISBN 978-7-5171-4320-8

Ⅰ . ①记… Ⅱ . ①吕… Ⅲ . ①张玉滚 – 先进事迹 Ⅳ . ①K825.46

中国版本图书馆 CIP 数据核字（2022）第 188550 号

记者眼中的时代楷模张玉滚

责任编辑：郭江妮
责任校对：王建玲
封面题字：肖光豪（中国书法家协会会员）

出版发行：中国言实出版社
　　地　　址：北京市朝阳区北苑路180号加利大厦5号楼105室
　　邮　　编：100101
　　编辑部：北京市海淀区花园路6号院B座6层
　　邮　　编：100088
　　电　　话：010-64924853（总编室）　010-64924716（发行部）
　　网　　址：www.zgyscbs.cn　电子邮箱：zgyscbs@263.net

经　　销：新华书店
印　　刷：北京中科印刷有限公司
版　　次：2022年11月第1版　2022年11月第1次印刷
规　　格：710毫米×1000毫米　1/16　14.25印张
字　　数：150千字

定　　价：78.00元
书　　号：ISBN 978-7-5171-4320-8

张玉滚挑着扁担走山路，他曾用扁担一步一个脚印地把上百斤的课本挑过大山，挑回学校。他也因此被称为"扁担校长"。

非凡印记
致敬楷模

张玉滚扎根黑虎庙小学

张玉滚与学生们
在国旗下宣誓

张玉滚与学生们在一起聊天

张玉滚给学生们讲《中国梦，讲给少年听》

张玉滚在给学生们讲解古诗词

张玉滚在指导学生们画画

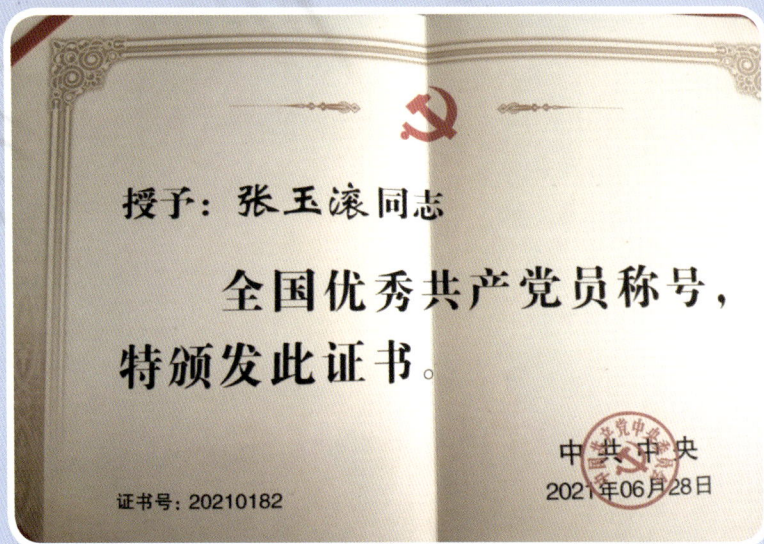

授予：张玉滚同志

全国优秀共产党员称号，特颁发此证书。

中共中央
2021年06月28日

证书号：20210182

张玉滚同志被授予全国优秀共产党员称号

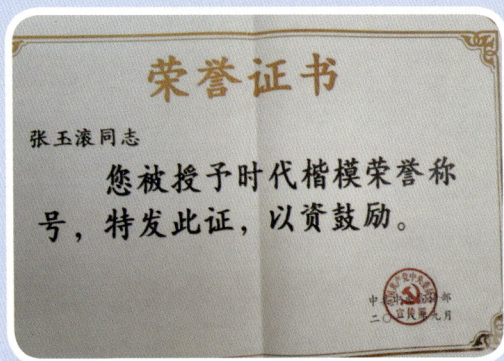

荣誉证书

张玉滚同志

您被授予时代楷模荣誉称号，特发此证，以资鼓励。

张玉滚同志被授予时代楷模荣誉称号

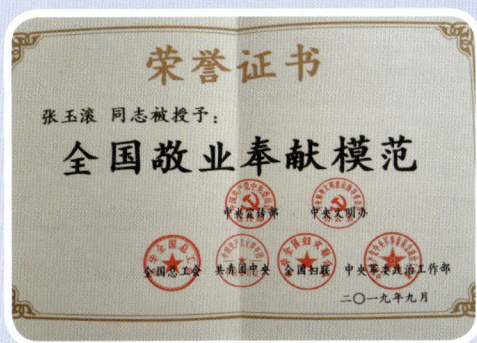

张玉滚同志被授予
全国敬业奉献模范

张玉滚同志被授予
最美奋斗者奖章

张玉滚同志被授予
全国五一劳动奖章

张玉滚同志被授予
中国青年五四奖章

楷模致敬功勋

张玉滚与"八一勋章"获得者杜富国合影【2021年6月】

张玉滚与"七一勋章"获得者张桂梅合影【2021年 北京】

（彩页上所有图片均由张玉滚本人提供）

乡村孩子的未来更美好

你好，我是二十大代表张玉滚，是一所乡村小学的校长。

10月16日上午，我作为一名基层代表现场聆听了党的二十大报告。走出会场，耳畔回响着刚才经久不息的掌声，脸是热的，心更是热的。

两个多小时的报告，三十多次热烈的掌声，一次比一次热烈。党的二十大报告对教育事业作出了安排部署。报告指出，办好人民满意的教育，坚持以人民为中心发展教育，加快建设高质量教育体系，发展素质教育，促进教育公平。

报告还提到"加快义务教育优质均衡发展和城乡一体化，优化区域教育资源配置""推荐教育数字化"……这些都为乡村教育的发展提供了很好的保障。

党的十八大以来，我所在的黑虎庙小学发生了翻天覆地的变化。以前学校里的设施是破桌子、破水泥台子，孩子坐的凳子是摇摇晃晃的。如今呀，学校里有教学楼、宿舍楼、餐厅，多媒体的教学设备也一应俱全。硬件设施基本上赶上了城里学校的标准。学校的社团更加丰富多彩：乒乓球、羽毛球、美术、音乐社团咱都有，连钢琴、演讲口才这些"时髦"社团也开展起来了！每年还有一批又一批的教师前来支援。

真的感谢党和政府对乡村教育的大力支持和投入，让更多的孩子们受益，去拥抱更大的世界，去实现更大的梦想，这也让我和我的老师们特别有成就感和幸福感。我愿做十八弯山路上的一轮明月，照亮孩子们走出大山的路。

回想起当年啊，老校长指着教室后面的一个灶台，对我说"玉滚啊，泥巴砖头垒个灶台，顶多能用十年八年。咱们教学生认的每个字，他能用一辈子。"走出大山、改变命运、过上好日子是我们山里人世世代代的梦想。我知道，要想刨除穷根，改变命运，必须从教育开始。孩子们渴望知识的眼神让我下定决心留了下来，只要孩子们在，学校就在。

那时，黑虎庙还没有公路，从村里到镇上，得沿着山脊梁上牛羊踩出的小道，走十个多小时。来回只能靠着一根扁担，为孩子们挑书本教材，挑蔬菜大米。后来，黑虎庙通往外面的路修好了，去镇上给学生们买米、买菜、拉教材，再也不用肩挑背扛，我们的日子越过越好了！

之前有个亲戚劝我："玉滚呐，你现在也有名气了，应该去城市里找一个好的学校歇一歇了。"但是我始终觉得，我付出太少了，党给我的荣誉太多了。当然了，这些荣誉属于千千万万扎根基层教育的老师们，时刻激励着我们继续前进。俗话说，树高千尺也离不了根。我想留在我的学校！

这学期，我们学校更加注重孩子们的全面发展。结合学生实际与国家平台链接，争取在数字化教学上有新突破，让孩子们接触到更前沿的知识，打开视野，开阔眼界。

听了党的二十大报告，我相信，基础教育的未来将更美好，乡村教育将会更加充满活力，乡村孩子们的未来将会更美好。我对乡村孩子们的美好未来充满了期待，对乡村教育的光明前景充满信心！

同时，我也感到肩上沉甸甸的责任，我将在党的二十大报告精神指引下，继续扎根乡村，用爱陪伴孩子们健康成长，当好山村孩子们的引路人，为国家培养出更多合格的建设者和接班人。

二十大代表　河南省南阳市镇平县高丘镇黑虎庙小学校长

张玉滚

（2022 年 10 月 17 日《中国教育报》）

铸造师德师魂，矢志为党育人

□　张玉滚

　　我叫张玉滚，2001 年 9 月至 2014
年 8 月任河南省南阳市镇平县高丘镇黑
虎庙小学教师，2014 年至今担任该小学
校长。2022 年 5 月当选中国共产党二十
大代表。

　　多年来，我与大山为邻，与学生为
伴，得到了各级领导的关怀，以及同事、
学生家长、同行和社会各界对我的鼓励。
正因为如此，才有了今天的进步。

　　下面，我就和大家谈谈我的一些经
历和感悟——

做教师情在坚守

2001 年，对我说来是刻骨铭心的。那年 9 月份，我刚毕业回到家乡，收拾行装，准备去城市工作。就在临行的前天，家里来了一位特殊的客人——黑虎庙小学的老校长。那天天没亮，吴老师就敲响了我家的门。深情地向我诉说了黑虎庙小学所遇到的困境。虽然我生自黑虎庙，也是从这里走出来的，但几年来看惯了山外的繁华，年方 21 岁的我却是第一次感受到家乡教育的贫瘠。

2001 年的黑虎庙小学，只有 13 间土房子，这就是学校的全部家当。由于学校地处偏僻深山，交通不便，没有年轻人愿意来这里任教。加上原有老师年龄偏大，算上返聘的，学校将陷入两个班没老师的困境。老校长是我非常尊重的老师，看着他那无奈的表情，我外出打工的决心有了些许的动摇，我答应老校长，会好好考虑的。

那一天，我搁置了外出打工的计划。回想着老校长的诚恳挽留，再想想自己正值青春年华，我陷入了百般的纠结中。我独自徘徊在山间小路上，不知不觉来到了那个曾经培育我的学校。当我走进当年上课的教室，映入眼帘的依然是：破旧的桌子、破水泥台子，里边坐了十几个土孩子。看着孩子们清澈无邪、渴望知识的眼神，难道小小年纪就失学吗？我的鼻子猛地一酸，心中很不是滋味。"玉滚，泥巴砖头垒个灶台，顶多能用个十年八载。咱们教给学生的每一个字，他能用一辈子。"老校长的话更加坚定了我留下的决心。我把心一横，直接冲到老校长的面前："吴老师，我留下了！"

就这样，21岁的我成了一名每月拿30元钱的老师。作为一个从大山里出来的孩子，我深深地明白一个尽职尽责的老师对孩子有多么的重要。每当听乡亲们说，"玉滚回来了，咱们娃就有希望了。"我的心中满是自豪，我庆幸当初做了一个正确的选择。

可是，学校的艰难远远超出我的想象。原本上八里下八里七十八道弯的八里坡上的公路是2006年才修通的，在这之前，我们都要徒步翻过八里坡，来往于高丘镇和学校之间，来回就要十多个小时，早上出发晚上回来两头摸黑，大家看我手中的扁担，就是那时我们唯一的运输工具。五年间，我和同事们风里来雨里去，用它挑书本教材、油盐酱醋、蔬菜粮食，肩不离担、担不离肩。

记得有一年的冬天特别冷。山里潮气又大，遇冷成冰，本来就难走的八里坡，更加湿滑难行。眼看就要开学了，孩子们的书本还在高丘镇上。正月初十凌晨三点多，我就扛起扁担从学校出发，中午才到镇上。回来挑着几十公斤重的书本，走到八里坡半山腰，汗水在眉宇间就扎成了冰碴，肩膀子已磨肿，脚上水泡连水泡，每走一步就钻心地疼。天黑看不清路，偏偏又下起了雨，我怕书本被雨淋湿，就找了个山洞，把书本用油毡包起来，小心翼翼地放好。我在山洞里坐了一夜。山洞伸手不见五指，那些年夜间时常会有野猪在山间出没，我心里很害怕，但想到孩子们需要书，我就忍着，在山洞里蹲了一夜。第二天一早雨停了，我就又往学校走，等到了学校，我几乎都成了泥人。但看着干干净净的书，我心里踏实了。

2006 年，通往黑虎庙的路修好了，我也省吃俭用置办了一辆摩托车。此后，我去镇上给学校买菜拉教材，再也不用肩挑背扛了。几年下来，摩托车被我骑坏了四辆，轮胎更换的次数更是数不过来。

艰苦的环境，长年的操劳，使我比其他同龄人老相得多。在很多场合，不熟悉的人总问我："快退休了吧？"我总是呵呵一笑，不多解释。

做教师业在锤炼

"白日不到处，青春恰自来。苔花如米小，也学牡丹开。"这是清代诗人袁枚创作的一首诗，在今年网上广为流传。我觉得，这首诗是对我们山区教师的真实写照。

当时，学校只有六名老师，四人面临退休，语文、数学、英语、品德、科学，我们样样都得"精通"。"千方百计上好每一节课。"我给自己定下了铁的纪律。数学课上，我和孩子们一起做教具；语文教学中，我认真钻研课标，设计教学环节，力争把每节课控制在 15 分钟之内，让学生有更多的时间去思考练习；体育课上，我把乡土游戏融入课堂，教孩子们推铁环、丢手帕、羊抵角等；音乐课，就让学生跟着录音机学唱；上美术课时，我领着孩子们在校外写生，画山、画水、画树木。我的教学方式，极大地调动了学生们的学习兴趣。

2014 年，老校长退休，在上级领导的信任和鼓励下，我接任校长一职。在当好学校"掌舵人"的同时，我又得担负起学校的教研课改的总体工作。身上的担子虽然变重了，但 17 年来，我始终把学校工作放在第一位。面对工作和家庭的两难选择，我只能舍弃后者。对父母、对妻子、对子女，我心中满是亏欠。

我家兄弟姐妹五个，我虽然排行老三，却是母亲最疼爱的那个。她知道我工作忙，学校事情多，总是默默地支持我。每次家里有事，母亲总是说，你忙你的吧，家里有我呢。

2014 年，我母亲患脑血管畸形压迫神经，帕金森综合征，卧床不起，端茶、喂饭、洗衣服、洗被褥，时刻离不开人照顾。我只能工作之余，略尽一份孝心，但母亲从没有埋怨过我，只能靠哥哥、弟弟轮流照看。在住院的那个周末，我急匆匆地赶到医院，看到母亲虚弱的身躯，我失声痛哭。心中满是自责。母亲却一个劲儿地安慰我："我有你哥弟照顾，你就安心工作吧！"谁知道，那一次却成了我们母子的永别。原来，住院之初，医院已经下了病危通知书。母亲是癌症晚期。全家人都知道，唯独瞒了我一个人。等我接到弟弟的电话赶到医院时，母亲已经在白被单下静静地躺着了。

那一天，我跪在母亲的床前，泣不成声……"母亲啊，你为什么不等见儿最后一面？……哪怕是埋怨抱怨我，我的心里也好受些啊！……"

可是，母亲再也不听见了，她永远地离开了我……。

除了对母亲的愧疚，我对不起的还有我的妻子张会云。每当我看见她右手那四根不完整的手指头，我就忍不住狠狠责骂自己。2014 年 5 月的一天，会云在为学生轧面条时发生意外，右手四个指头被机器轧折，当场鲜血淋漓。当把她送到县城医院时，已经错过了最佳治疗时机，落下了终身残疾。看着妻子痛苦的表情，除了满脸的自责，实在无能为力。善解人意的妻子没有责备我，两周以后，她伤情好转，又一如既往默默地出现在学校的厨房里。

我想借此机会，对我的妻子诚恳地说一句："会云，我感谢你！你辛苦了！"

做教师德在奉献

我们的学校处于偏远深山区，人口居住分散，学生来源辐射面大。就黑虎庙的两个自然村来说，东西长 30 多华里，南北宽 20 多华里，再加上近年来林子较大，野兽出没，夏季洪水、山体滑坡、泥石流，冬季冰雪路滑。学生家长要么外出打工，要么忙于农活，接送学生就是我们老师的家常便饭。现在全校 75 个学生，40 多个学生在校住宿。这些学生中 1/3 是留守儿童，哪些是跟爷爷奶奶生活，哪些孩子生活在单亲家庭，每一学期我都把这些情况摸得清清楚楚。谁家的孩子爷爷奶奶年纪大了，需要格外操心；孩子们都在哪儿住，谁上学需要接送……都要一一记在心上。

尤其是多雨的季节，学生上学、回家更是揪着老师的心。

2010年7月23日凌晨3时，电闪雷鸣，暴雨倾盆。当时，我在学校值班，猛然想到留守儿童张明明家里的房很危险，连忙起床，顾不上和妻子解释，披上雨衣就往外跑，当我跑到张明明家时，我担心的事情发生了：年久失修的房子已经坍塌了一大半，明明和爷爷蜷缩在床上。眼看着洪水就要淹没床头，我连忙让明明趴在自己胸前，又急忙把腿脚不方便的爷爷背在肩上，当我把他爷孙俩转移到安全地方时，剩余的房舍几乎全塌了。事后连我自己都不相信，就我这样的身板，当时会有那么大的劲。

我一直认为，爱是最长久的润泽。爱教育、爱学校、爱孩子，这种爱未必荡气回肠，却是贴心贴肺的疼惜。这些年，但凡孩子们有个头痛脑热的，我总能第一时间发现，我办公室的药箱里，常备着感冒药等常用药。为了孩子，我练就了过硬的本领：拿起教鞭能教学，掂起勺子能做饭，拿起针线能缝补，桌椅坏了我来修……。

多年来，我虽然收入微薄，但也资助过300多名学生。我常想：有我在，就不让一个学生失学。

做教师爱在延绵

近年来，党委政府十分重视深山区教育工作，学校面貌也发生了巨大的变化，教师的工资待遇也在逐步提升，不仅每月有500元的补助，还增加了乡村教师的工作和生活补贴。即使这样，有的教师还是不愿意安心这里的工作，"进得来，留不住"的现象依然存在。

为了让山区学校能够生存下去，让孩子们得到持续优质的教育，我千方百计想从本科毕业的大学生里寻求代课老师。2007年，我的亲侄子张磊大学毕业，我就打起了他的主意。当时他在深圳一家世界500强企业上班，女朋友是本单位的广西姑娘余超凤。我三天两头不停地给他打电话，希望他回黑虎庙小学任教。2009年春节，张磊带着女朋友回来了，在我多次的劝说下，他们终于答应留下，先让余超凤当代课老师，自己继续挣钱养家。

转眼5年过去，2014年春季，一名老师要调走，学校又拉不开栓。我就再次动员张磊留下，那一次他答应了，同年暑假参加了县里的统一招教考试，成为一名正式老师。

目前，我校现有教师15名，包括我在内只有9名年轻支教教师，有6名特岗教师。但我坚信，"只要有老师在，学生就在；只要学生在，学校就在"的道理。就这样，在全校教师的坚持和努力下，从我教学至今，送走了1000多名学生。他们中间培养出63名大学生，有的还读了研，留在重要的工作岗位，正在回报祖国和社会。

一分耕耘，一分收获。我也先后被授予"全国优秀共产党员""时代楷模""全国优秀教师""最美奋斗者""全国先进工作者""中国青年五四奖章"等荣誉。

现在的学校，不是我一个人在奋斗。党和政府的关心和支持，老师们的同心同德，我坚信：学校的未来一定会更美好！

我始终认为，我所取得的一切荣誉，是属于大家共同努力的结果，也应该属于千千万万在一线辛勤耕耘的教师们。我作为一个普普通通的教师，只是尽了自己应尽的一份责任。

　　未来的路还很长，我愿做十八弯山路上的一轮明月，与各位教育同仁一道照亮孩子们走出大山的路。

（2022 年 10 月）

目 录

楷模心声　铸造师德师魂，矢志为党育人

张玉滚

【二十大代表风采】
张玉滚：乡村教育的"火炬手"

□　孟向东　刁良梓

南阳市镇平县高丘镇黑虎庙小学，位于大山怀抱的谷底，风中招展的红旗飘成了一抹清澈红，扮靓满山碧翠。

中秋节后第一天，黑虎庙小学校长张玉滚仍如往常一般最早出现在校园里，迎接孩子们开始崭新的一天。

师范毕业后，张玉滚主动放弃在城市工作的机会，扎根深山 21 年，矢志不渝奋斗在乡村教育一线，先后被授予"时代楷模""最美奋斗者""全国教书育人楷模""全国师德标兵"等 13 个国家级荣誉称号，曾 3 次走进人民大会堂，聆听习近平总书记重要讲话，也曾登上颁奖台从党和国家领导人手中接过荣誉证书和奖牌奖杯。

21 年的坚守

"扁担窄窄，挑起山乡的未来；板凳宽宽，稳住孩子们的心。前一秒劈柴生火，下一秒执鞭上课。艰难斑驳了岁月，风霜刻深了皱纹。有人看到你的沧桑，更多人看到你年轻的心。"

这是"感动中国"授予张玉滚的颁奖词，短短几十字，却道尽了张玉滚的无悔付出与坚守。

在八百里伏牛山深处，有一个偏远的行政村，这里就是张玉滚执教的黑虎庙村。从地图上看，这里距离县城 70 多公里，不算太远。然而海拔 1600 多米的尖顶山仅"Z"字形的急转弯就有 58 个。

以前，要想走出大山，黑虎庙人得沿着山脊上的羊肠小道，翻过尖顶山，再穿过险峻难行的八里坡，堪比"登天"。走出大山，改变命运，过上好日子是山里人世世代代的梦想。

为了改变山里孩子的命运，张玉滚坚守 21 年，一年四季风里来雨里去，含辛茹苦送出了一批又一批的学生。在他没有到黑虎庙小学教书之前，几十年里，黑虎庙小学只出了两名大学生，在他到黑虎庙小学后，送出的学生中，已经出了 51 名大学生和 3 名研究生。

2019 年国庆节，新中国成立 70 周年庆典上，张玉滚在"凝心聚魂"方阵彩车上通过天安门时，看到习近平总书记和其他党和国家领导人向他们频频地招手。这时候，他眼眶里充盈着激动的泪花，内心的感动翻江倒海，心想：我只做了这么一点点贡献，党和国家给了我这么高的待遇和荣誉……

张玉滚从北京回到山里后，有亲戚就劝他说："玉滚呐，你现在要名有名，要功有功，可以要求到县里去找一个名气大的学校歇一歇了。"听到这些话的时候，玉滚总是呵呵一笑说："我做得太少了，党和国家给我的荣誉太多了。俗话说，'树高千尺也离不了根'。我张玉滚的根就在黑虎庙，我的岗位永远在黑虎庙小学！"

张玉滚把根深深扎在大山里，却不把学校封闭在大山里。他走出校门，与山外的名校"结对子""手拉手"，还拉住平顶山学院、南阳理工学院在黑虎庙小学建立了教学实践基地。他还与一些知名本科院校建立合作关系，有计划地送学校老师们去深造，使山外城市全新的教育理念，如春风般地吹进黑虎庙小学。

大山的回响

在黑虎庙小学时代楷模的展厅里，有一支北京 2022 年冬残奥会的火炬，旁边还陈列着一套火炬手专用服装，这是张玉滚作为火炬手为学校带来的"荣耀"。"展厅自去年 6 月建成以来，先后有 1 万多人次前来参观，北京、湖北、广东等地的大学生慕名而来，他们都被张校长的精神所打动。"黑虎庙小学教师张磊说，他就像一支熊熊燃烧的火炬，照亮了大山深处孩子们前行的道路……

随着张玉滚的名气越来越大，黑虎庙小学的变化更是日新月异，现在不仅高丘镇的学生来这里求学，周边其他地方的小学生也都要到黑虎庙小学来。这学期黑虎庙小学总共有 7 个班 105 名学生，教师增加到 15 名，学校社团也由上学期的 6 个增加到 11 个，不但乒乓球、羽毛球、美术、音乐这些社团应有尽有，连钢琴、演讲口才这些"时髦"社团也开起来了，张玉滚自豪地告诉记者："我们这学期将更加注重孩子们全面发展，结合学生实际与国家平台实现链接，争取在数字化教学上实现突破，让孩子们接触到更加前沿的知识，打开视野，开阔眼界。"

作为党的二十大代表，张玉滚深感这是一份沉甸甸的责任，更是鞭策自己前行的动力，这些日子他正在精心准备提案，"我要把乡村教师的心声，把乡村教育的现状带到北京去。"张玉滚说。

（2022 年 10 月 6 日）

【二十大代表风采】
点亮新梦想　播洒新希望

——七一前夕专访党的二十大代表张玉滚

□　胡少佳

扁担窄窄，挑起山乡的未来；

板凳宽宽，稳住孩子们的心。

前一秒劈柴生火，下一秒执鞭上课。

艰难斑驳了岁月，风霜刻深了皱纹，

有人看到你的沧桑，更多人看到你

年轻的心。

——《2018 感动中国人物颁奖词》

巍巍伏牛笼芳翠，琅琅书声啸深谷。六月

的伏牛山郁郁葱葱、清泉湍流，我们一行 3 人沿着崎岖的山路驱车前往镇平县北部山区，对张玉滚校长一天的工作进行了深入细致的实地采访。

群山环抱中，一所美丽的现代化学校分外瞩目，这里就是"时代楷模"张玉滚校长的工作所在地，闪耀玉乡、闻名全国的镇平县高丘镇黑虎庙小学。

走进不大的校园，只见一个熟悉而陌生的身影在和一群孩子洗衣服，打肥皂、揉搓衣服，旁边的孩子们也学得有模有样。真不敢相信，这就是张玉滚，仔细一看，还真是张玉滚校长！真不敢相信"感动中国 2018 年度人物""时代楷模""全国五一劳动奖章获得者""中国五四青年奖章获得者""全国优秀共产党员"等集 13 项国家级荣誉于一身的张玉滚蹲下身子干着大家眼中最平凡不过的事情。

坐在不大的办公室里，张玉滚如数家珍般地介绍着黑虎庙小学的基本情况。黑虎庙小学已经建校 98 年，现有六个年级 6 个教学班，在职教师 15 人，黑虎庙小学前几年只有 75 人，现在增加到 105 人，涉及贾宋镇、枣园镇、侯集镇、石佛寺镇、高丘镇和县城的学生。这几年在社会各界的支持下，学校面貌得以焕然一新，教学设施逐步健全，全镇 29 所小学考试成绩获得前 100 名的黑虎庙小学有 4 人，从黑虎庙走出去升入高等学府的学生也由过去的 23 人增加到 60 人。面对这些成绩的取得，他仍不满足，他说："为了山区孩子飞得更高，还需要我们更加努力备课，潜心研究教学，使更多的孩子走出大山。"

学校社团活动时间到了，张玉滚走出办公室，整个校园顿时热闹起来了。

声乐教室里，12 架钢琴排列其中，张玉滚走到孩子们中间，不时指点学生指法练习并利用多媒体教具进行示范。

绘画社团的孩子们正在用手中的画笔描绘自己的童话世界，张玉滚认真观察，并不时辅导学生进行色彩搭配。

宿舍楼前羽毛球社团的孩子正要挥动球拍练习，张玉滚走上前去，耐心指导孩子们发球、接球。白色的羽毛球像一只小鸟一样不断地飞来飞去。

大山脚下，一群学生正在标准化的运动场地上进行篮球训练，原地弹球、运球行走整齐规范，另一边的山娃足球也如火如荼，孩子们身穿统一服装，在标杆之间闪转腾挪，张玉滚也走过来和孩子们一起练习。乒乓球台前张玉滚和孩子们进行一场比赛，欢乐的笑容荡漾在脸上。张玉滚说：和孩子们在一起，是最快乐的事情。

梁强校长介绍说：在社会各界的支持下，学校的面貌发生了翻天覆地的变化。标准化的教学楼、综合楼、操场，为师生提供标准化的教学运动场所，音乐室、美术室、微机室、书法室等，成为孩子们学习才艺的乐园，在图书室、阅览室和梦想教室里，孩子们得以泛舟书海、追寻梦想。

投资 100 多万元、新建成的时代楷模展厅、雷锋先进事迹展厅、党建活动室以及录播教室，相继投入使用，成为全社会学习雷锋精神、弘扬楷模精神的学习教育实践基地。

雷锋像前，来自郑州市中原区 73 中支教的陈玲老师正在指导学生们排练节目。"现在咱们分声部轮唱，走"，随着陈老师一声令下，熟悉的旋律顿时飘荡在校园上空。

张玉滚是一位"全能教师"，什么学科他都会教，什么事情都能干。真可谓："拿起教鞭能上课，背起药箱能看病，掂起勺子能炒菜，拿起针线能缝补。"在张玉滚的精神感召下，执行校长梁强和教师们因材施教，爱岗敬业，奉献山区。

学校不仅让孩子们学习文化课，还有音乐、美术、英语、体育等特长老师点对点教授特长生，德、智、体、美、劳全面发展。

山花开正俏，芬芳满天涯。在社会各界的关心和支持下，黑虎庙小学取得了累累硕果：全国教书育人模范集体、全国文明校园花落深山，2018年被河南省教育厅授予中小学数字教材应用样本校，2019年荣膺河南省名片学校，2020年被评为南阳市文明单位，2021年5月成为全国百所雷锋学校之一，同年9月被雷锋杂志社、中国教师杂志社授予"关爱留守儿童"优秀项目奖，2021年10月被授予河南省李齐名班主任工作室拓展基地、南阳市舞蹈家协会授予少儿舞蹈美育工程文艺志愿服务基地。一块块金字招牌，不仅见证着时代的进步，更见证着黑虎庙小学发展的印迹，它已然成为镇平县北部山区的明星学校！

晚饭后，张玉滚介绍说：由于路途遥远，夜路不好走，大部分学生只能吃住在校，老师们不仅负责学生的学习还要关爱学生生活的方方面面。晚上还要针对白天授课效果不理想的学生，由老师们点对点对孩子进行辅导。

到了学生们熄灯就寝的时候，张玉滚校长习惯地走进寝室查看学生们的作息情况，他生怕哪个学生夏凉被没有盖好，枕头没有枕好。

教学楼的灯光次第熄灭，而张玉滚的办公室仍然还亮着灯，梁强校长正在和他探讨学校工作方面的具体事情。夜深了，学校师生都已进入梦乡，而张玉滚仍在伏案认真备课，仔细地总结一天的工作得失。

山村的夜晚宁静而凉爽起来，我躺在梁强校长的住室里，盖着张玉滚校长从家里拿来的夏凉被怎么也睡不着。梁强校长说："虽然现在已经很晚了，但我们张校长一天的事情还没有结束，张校长的爱人有病，他要带她下山去看病。"

第二天天蒙蒙亮，我们打算早起拍摄黑虎庙小学的日出，可惜天公不作美，下起了淅淅沥沥的小雨。四点五十分，天色苍黑，当我们背起相机包走到二楼过道时看见一楼的公共厕所灯火通明，老远听见了用水冲刷厕所打扫卫生的声音。刚开始我们还以为是清洁工在工作呢？而寂静的校园内只有张玉滚校长的背影在忙碌着。

早饭时间到了，张玉滚走进餐厅内查看饭菜质量，而后和孩子们围坐在一起，津津有味地吃起来，一切是那么的自然。

在我以往的印象中，山区孩子们大多都是些目光呆滞、衣衫破旧不整的形象，当见到外来人时话也不敢说，甚至胆小得向后退缩。可是当我走进张玉滚所在的黑虎庙小学，走近孩子们，彻底颠覆了我的看法。和过去的山区孩子们来比较可是真的大不一样了，从他们的衣着上来看已看不出和城里的孩子的区别，自信大方的表情写在脸上，彬彬有礼落实在行动上，我们在校园行走过程中，不断有天真可爱的学生向我们问候"叔叔好""老师好"。

为了迎接党的二十大，他们准备了八个演出节目，仔细排练，认真表演。上午，张玉滚和孩子们向我们展示了曳步舞、豫剧表演、模特走秀等特色活动，大家热情高涨根本停不下来，把学生们乐观自信、落落大方和昂扬向上的精神展示得淋漓尽致。

立足校园，走向社会，全面发展，黑虎庙小学的每个孩子都心怀梦想，在幸福中茁壮成长。

该到告别时间了，梁强校长小声说："六年级孩子马上要进行毕业考试了，能否给孩子们照个毕业照，花钱请别人都嫌远，多了我们出不起……"话音未落，我们都说可以啊。看着又一批学生将要走出大山，怀揣梦想，奔向未来。张玉滚的笑容再次浮在脸上。我们和学生相约，10年后等他们都长大成人后再次聚在一起和张玉滚校长拍张合影。

面对孩子们好奇的目光，我也临时客串讲解员，向张玉滚及学生普及航拍基础知识。

回来的路上，车辆行驶在"上八里、下八里"的当地人称七十八道弯的八里坡，黑虎庙小学也远远地落在身后，而张玉滚和黑虎庙小学学生的身影仍浮现在眼前。

回想第一次听到张玉滚的名字是在电视上，而体会他在黑虎庙小学的艰辛是因为我曾经骑行过山路崎岖的八里坡，曾亲眼看到摩托车到八里坡拉黑烟踟蹰不前的情景。当时就为张玉滚能坚守大山十几年如一日而心生敬佩之情。初次相识张玉滚，缘于今年5月份一次资助政策宣讲活动。虽然他事务繁忙，但是仍能身体力行，奔波于各个学校之间，为师生不断宣传党和国家的教育政策。第一次见到张玉滚本人，感觉个子不高，言语不多，虽已是名人，但从不摆架子，坦诚朴实。再识张玉滚源于我校患病教师"水滴筹"活动，当他从我微信朋友圈中得知我校年仅37岁教师满老师突患脑部恶性肿瘤、治疗费告急的消息后，毫不犹豫地在"水滴筹"上献出了自己的第14份爱心。但我在爱心榜单上怎么也找不到他的名字昵称，才知他是匿名捐助的。

　　我们亲眼看到了不一样的张玉滚，不一样的教师团队，不一样的黑虎庙师生。只有立德树人，耕耘教育，才能扎根深山，奉献青春。我们相信，在张玉滚校长榜样力量的带动下，黑虎庙小学全体教师不忘初心、牢记使命，继续挥洒青春和热血，付出爱心和汗水，一定能点亮大山深处孩子们的梦想，播撒山区教育的希望，孩子们一定会越飞越高，越走越远！

（2022 年 6 月 21 日）

【二十大代表风采】
张玉滚的 24 小时

□　王东照

党的二十大将于 10 月 16 日在北京隆重召开，时代楷模张玉滚作为河南省 69 名拟出席党的二十大党代表之一，不仅是河南的荣誉，更是镇平的骄傲。为广泛宣传党代表的感人事迹，9 月 20—21 日，镇平县融媒体中心记者随河南卫视摄制组一行赶赴张玉滚的工作所在地——镇平县高丘镇黑虎庙小学，用镜头记录下了张玉滚紧张忙碌的一天。

　　早上六点，黑虎庙小学操场已排起了整齐的长队，张玉滚同孩子们一起跑操，一起锻炼，只见张玉滚佩戴口哨，英姿飒爽，宽大的操场，口哨声此起彼伏，脚步声铿锵有力，孩子们自信豪迈，充满活力。

　　早上七点是孩子们的早读时间。大山里空气清新，孩子们一改在教室里早读的习惯，把读书活动搬到校园内，张玉滚不时地行走在孩子们之间，一边辅导学生，一边跟学生们一起朗诵课文。校园内书声琅琅，生机无限。

上午第三节课，张玉滚需要上五年级的道德法治课，这节课讲述的主题是"学会沟通与交流"。张玉滚在讲堂上耐心讲，关键之处，他不时走下讲台，与孩子们一同交流、现场探讨，整个课堂既生动活泼又不失严肃。

下午第二节课是科学课。张玉滚别出心裁，带领孩子们走出教室，把科学课堂搬到山沟里进行实地教学。秋天到了，正是板栗成熟的季节。张玉滚把现场教孩子们认识板栗的生长习性和果实的食用功能作为这节课的主要内容。只见孩子们欢呼雀跃，争先恐后去捡拾打落在地上的板栗果实，挤着张玉滚问这问那，看此情景，张玉滚满脸欢欣。

晚上，大山里特别寂静，教室里灯火通明。为了不打扰孩子们的自习时间，张玉滚从教学楼一楼到二楼、从三年级到六年级，逐个教室进行检查，遇到不懂向他提问的孩子，张玉滚不厌其烦地一一辅导，现场画面温馨而感动。

晚上九点，住校的孩子们都进入了梦乡，可张玉滚的办公室内灯光闪烁，他一边忙于给学生们批改当天的作业，一边准备第二天的课程。张玉滚说，晚上备课已经是他多年养成的工作习惯，从来不拖延到第二天。

　　备完课后，张玉滚总是不忘打着手电筒，把住校孩子们的宿舍认真检查一遍。哪个孩子的被子没有披好，哪个孩子有不好的睡眠习惯，哪个孩子有晚上吃零食的坏习性，他都要一一纠正。

　　这就是张玉滚忙碌的一天，他坚守在大山深处二十余年如一日，展现出一个基层共产党员的光辉形象。那枚备课记录簿上金光闪闪的党徽，他小心翼翼地擦了又擦，因为他深信一名共产党员的使命担当，深知一位二十大党代表肩上沉甸甸的那一份责任。

（2022 年 9 月 23 日）

"只要孩子们在，学校就在"

□　李嘉南

从河南南阳市镇平县城出发，一路向北，经高丘镇，沿山路盘旋而上，攀至海拔 1600 多米的山顶，再顺山路蜿蜒而下，直下到海拔 600 米的谷底，走进大山深处的一所乡村小学，就是黑虎庙小学。

这所学校被重重大山包围，黑虎庙村流传着一句顺口溜：上八里、下八里；羊肠道、悬崖多；还有一个尖顶山。从学校走到镇上，需要 10 个多小时。

然而，就是在这样的环境下，小学教师张玉滚，坚守 17 年，从 21 岁的小伙变成 38 岁的大叔。他作为一名"80 后",看上去却略显沧桑。

"只要孩子们在,学校就在。"刻在张玉滚心里的一句话,成为他坚守的力量。

坚守大山
"老师都走了,孩子们咋办"

一座破旧的两层教学楼,一栋两层的宿舍,三间平房,是黑虎庙小学的全部家当。

虽然条件简陋,但对于张玉滚来说,却比十几年前好得太多:"2001 年刚来学校时,只有破桌子,破水泥台子,里面坐着十来个孩子。"

当年,张玉滚之所以选择留下来,是因为前任校长吴龙奇的一句话:"玉滚,泥巴砖头垒个灶台,顶多能用个十年八载。咱们教学生认的每个字,他能用一辈子。你要不来,这个班就开不了台,孩子们就得上山放羊去。"

走出大山,改变命运,过上好日子,是山里人世世代代的梦想、心心念念的追求。作为吴校长曾经的学生、当年刚从南阳第二师范学校毕业的张玉滚深知:"要想刨除穷根,改变命运,必须从教育开始。"

看着孩子们渴望知识的眼神,像极了自己小时候的模样,张玉滚鼻子酸了:"老师都走了,孩子们咋办?"

"啥也不说了,我不走了。"就这样,21 岁的张玉滚成了一名每月拿 30 元补助、年底再分 100 斤粮食的民办教师。

面对微薄的工资、艰苦的环境，张玉滚也曾犹豫过。2009年，学校一下有 3 位教师面临退休，马上春季开学，不能眼睁睁看着孩子们没老师啊！张玉滚着急了。他思来想去，把"主意"打到了自家侄子张磊身上。

张磊 2007 年大学毕业后，一直在深圳工作。"当时，我叔几乎天天给我打电话，让我回家教书。"一开始，张磊没有答应。但是，"小时候我叔背我跋山涉水上学的情景，咋也忘不掉。"经过一番深思熟虑，张磊决定带着女友余超凤回老家看看。张磊和余超凤来到黑虎庙小学。"教室破破烂烂，窗户两面透风，孩子们冻得直哭。有个孩子连鞋都没有，脚肿得像胡萝卜。"余超凤心软了。小情侣商量后决定，余超凤留在黑虎庙小学教书，张磊到县里的石佛寺镇学玉雕手艺，挣钱养家。

后来，张玉滚转为公办教师，并接任校长。因为师资缺乏，张玉滚再次动员张磊回来代几天课，却没承想，张磊这个"代"就"代"到了现在。

肩负重任
"给学生一瓢水，老师要有一桶水"

由于学校条件艰苦，师资力量不足，张玉滚不得不把自己打造成"全能型"教师。语文、数学、英语、品德、科学，他样样"精通"。2014 年，张玉滚接任校长后，又肩负起学校教研课改的工作。

"不耽误一节课，千方百计上好每一节课。"数学课上，张玉滚运用直观教学法，和孩子们一起制作钟表表盘、正方体、长方体等教具；科学课上，他带领孩子们去野外考察，自己动手做实验，激发他们热爱和探究大自然的兴趣。学校缺少体育设施，大课间时，他就和孩子们围成一圈玩抵羊、斗鸡，活动课还经常领孩子们去爬山。

为了让山里的孩子也能说一口纯正的英语，张玉滚掏钱买来录音机和磁带，自己先跟着一遍一遍学。在课堂上，他一边播一边教，有时候一个发音，就让孩子们反复练上十几遍。"给学生一瓢水，老师要有一桶水。"

全校 75 个孩子，40 多个学生在校住宿，1/3 都是留守儿童，跟着爷爷奶奶生活，还有些孩子生活在单亲家庭，张玉滚把这些情况摸得一清二楚。

黑虎庙村党支部书记韩新焕说："张玉滚虽然收入微薄，但在 17 年间教过 500 多名孩子，资助过 300 多名学生。有他在，没有一个孩子失学。"在张玉滚任教前，村里只有一名大学生，到现在已经有 16 名大学生。张玉滚也先后被授予全国优秀教师、全国师德标兵、全国岗位学雷锋标兵等称号。

令人欣慰的是，近些年，在上级教育部门和社会各界的关心下，学校的办学条件也在不断改善：新建了宿舍楼，盖起了食堂，校园里还搭起了乒乓球台。"以前是'复式教学'，几个年级混在一起上课。现在，我们从学前班到五年级都可以分班开课，课程跟城里孩子没啥差别。"张玉滚说。

今年春天，镇平县教体局还专门给黑虎庙小学拨付配套资金 50 多万元。说话间随手推开一间教室的门，新装上的推拉式黑板左右打开，露出一块黑亮的液晶显示屏。"看，我们上课也用上一体机了！通过远程教学，我们的学生能和城里孩子一同上课！"张玉滚显得很兴奋。

"县里正在尽最大努力解决师资短缺问题，给深山区教师发放津贴，想方设法提高山区教师待遇。"镇平县委书记李显庆说。

舍家为校
"最对不起的，就是家人"

张玉滚几乎把全部的心血倾注在学校、把全部的热爱给了学生，却对自己的家人充满愧疚。他最感亏欠的，是相濡以沫的妻子。

学校原来没有食堂，孩子们自己从家里带米面馒头，在教室后面一间临时搭建的棚子里生火做饭。每天烟熏火燎不说，年龄小的孩子做的饭总是半生不熟。2003 年，食堂建好了。可是给的工资少，没人愿意来做饭，还是开不了张。张玉滚想到了妻子张会云。"当时她在外打工，一个月一两千块钱，收入比我高得多。"张玉滚说，架不住自己的甜言蜜语和软磨硬泡，张会云终于同意来学校给学生们做饭。

然而，2014 年 5 月的一天，张会云在轧面条时出了意外，右手四个手指被机器轧断，等赶到县医院，已错过最佳治疗时机，落下了终生残疾。但是，张会云比谁都明白丈夫的心。没休息几天，她就回到学校。只不过，炒菜、做饭，她从右手换成了左手。

张玉滚有一儿一女，因为没时间照顾，他把两个孩子全部送到县城寄宿学校，两周接一次。去年冬天的一个下午，该接孩子了，因为学校事情多，他一直忙到天黑才赶过去。昏黄的路灯下，看到孩子的身影在寒风中瑟瑟发抖，他鼻子一酸，眼泪滚落下来……

在家中，张玉滚在兄弟姊妹五人中排行老三，却是母亲最疼爱的那个。知道儿子工作忙，学校事情多，母亲总是默默支持他。每次家里有事，母亲总是不让他操心。2017年秋天，母亲癌症晚期，在南阳住院。家里人都知道，独独瞒了他一个。当他接到弟弟的电话匆匆赶到医院时，母亲已经永远地闭上了双眼……

"最对不起的，就是家人……"每当谈起家人，张玉滚总是充满愧疚。

记者手记
用坚持守住初心

坚持一阵子易，坚守一辈子难。对张玉滚来说，改变山里娃的命运，托起乡亲们的希望，是他一生的坚守。"只要孩子们在，学校就在。"刻在张玉滚心里的一句话，成为他坚守的力量。

八百里伏牛山，云雾深处，大山之巅，成片成片的连翘扎根岩土，拥抱峰峦，迎着太阳默默生长。千百年来，无论雨雪风霜，历经酷暑严寒，连翘始终坚守脚下土地，为人们奉献灿烂芳华和宝贵果实。张玉滚就像这平凡而又坚韧、朴实而又厚重的连翘，用青春奉献大山，用坚持守住初心。

（2018 年 9 月 8 日）

评述

这份坚守让人动容

有了他们，大山焕发了更多希望，贫困地区的孩子们有了更多改变自己命运的机会。

大巴山里，有这么一个村庄，一个学校里，就剩下一个老师和一个学生。老师教完数学教语文，教罢语文教体育。

有人可能会问，难道这个村子太穷，学生们都辍学了？老师全不干了？以至于只剩下一个学生、一个老师？

不是。原来，村里这所学校的教学水准就到小学三年级，孩子再大些，就要到镇上去上学。目前，村里的孩子全去镇上了，就剩下一个低龄的王龙泽。孩子实在太小，母亲因故去世，父亲又年迈多病，家里着实困难。从一年级就去镇上，这个家庭心有余，力不足；不去，孩子面临失学。这咋办？就一名学生了，学校还能教吗？

学校的赖贞元老师了解这个情况后决定，不能让孩子辍学，有什么困难，自己克服。他原来计划外出打工，那比挣代课费要多多了；但现在决定不去了，把这名唯一的学生教到三年级再说。

赖贞元的选择令人动容。只要有一个孩子还在就不走，这选择感人肺腑。这人，真像一名坚守阵地的战士。没有对这份事业的敬重，是绝难办到的。

这种奉献精神，也是坚守在一线的乡村老师的共同品质。在河南镇平，张玉滚扎根大山17年，"只要孩子们在，学校就在"是他坚守的力量；在湖北盐田河，刘木兰坚守三尺讲台30多年，做了两次手术，右肺切除了1/3，依然无怨无悔，教书育人……

对于这些在大山深处的老师们来说，他们守护的不只是知识的火种，更是改变命运的钥匙。教育家陶行知说，乡村教师是改造乡村生活的灵魂。有了他们，大山焕发了更多希望，贫困地区的孩子们有了更多改变自己命运的机会。

他们不畏清苦，不惧贫困，在艰苦的环境中奋斗着。对于他们的奉献，社会各界送上的不仅仅是赞美，还重视他们的基本需求，提供诸多资源加以扶助。这些年，党和政府做了很多工作，越来越多的乡村教师获得了更好的待遇，学校的状况得到很大改善，越来越多的孩子受到了更好的教育，得到了走出大山的机会。

希望通过更多的关怀，让教育资源均等化的阳光能够普照大地，倾斜、帮扶能够再多一些、再细致一些，为坚守者提供坚实的后盾。

《人民日报》许丹旸

（2019 年 1 月 16 日 13 版）

挑起孩子们走出大山的希望

□　王烁

在河南省南阳市镇平县伏牛山区，有一位普通的小学校长，坚守大山深处17年，只为干好一件事——挑起山村孩子走出大山的希望。他就是镇平县高丘镇黑虎庙小学"80后"教师张玉滚。

"都走了，孩子们咋办？"

从镇平县城出发，向西北沿着蜿蜒的盘山公路到达海拔1600多米的尖顶山头，向下望去，山谷里的一片平地上，一面五星红旗高高飘扬，那里就是张玉滚所在的黑虎庙小学。

一座破旧的两层教学楼，一栋两层

的宿舍，三间平房，就是学校的全部家当。

作为一名"80后"，张玉滚显得沧桑许多。一米六几的个头，穿着一件皱巴巴的黑色西装，里面套着发黄的白衬衣和手工编织的黄色毛衣，风华正茂的年纪鬓角却已斑白。尽管眼角布满皱纹，可只要提起孩子，提起学校，他的眼中总是充满了光亮。

黑虎庙村是镇平县的深度贫困村，这里位置偏僻，直到2017年冬天才通了不定时的公交车，许多老师都不愿到这里任教。

"外面的老师进不来，咱自己培养的学生留不下，都走了，山里的孩子咋办？"老校长吴龙奇的一番话让张玉滚陷入了深思。于是，从南阳第二师范学校毕业后，他说服了父母，留在了黑虎庙小学，留在了孩子们中间。

面对微薄的工资、艰苦的环境，张玉滚也曾犹豫过。"前半夜想想自己，后半夜想想孩子。都走了，孩子们咋办？"如今，家长们提起他，总会激动地说："玉滚来了，我们的孩子就有希望了。"

"看着自己教的学生走出大山，我就觉得值。"

挑书本教材、学具教具，挑油盐酱醋、蔬菜大米，2001年到2006年的5年间，靠着一根从老校长手中接过的扁担，张玉滚从大山外为孩子们挑来学习生活用品，也挑起了孩子们走出大山的希望。

有一年冬天，山路湿滑难行。眼看就要开学了，孩子们的书本还在高丘镇。于是，张玉滚和另一名老师扛上扁担于凌晨出发，一步一滑地赶到镇上。稍作休息，他俩又赶紧挑着几十公斤重的教材、作业本往回走。到学校时，两人几乎成了"泥人"，书本却被保护得干干净净。

2006 年，山里通了水泥路，孩子们的课本、生活用品便由张玉滚骑摩托车带回来，少则几十斤，多则百余斤。多年来，他骑坏了 4 辆摩托车，轮胎更换的次数更是数不清。

山里的孩子，父母外出打工者居多，张玉滚把学生的情况摸得一清二楚，接送留守学生也成了家常便饭。"多年来，我们村没有一个学生因贫困而失学。家距学校较远的学生，他就说服学生家长，让学生和他同吃同住；和妻子一起为留守学生洗衣缝补，料理日常生活。并用自己微薄的收入，资助了 300 余名学生，使他们能继续求知之路。"黑虎庙村党支部书记韩新焕说。

"我是山里人，知道山里的苦。看着自己教的学生走出大山，我就觉得值。"这是支撑张玉滚坚持下来的信念，张玉滚任教前，黑虎庙村只有一个大学生，如今已有 16 名大学生。

"只要孩子在，学校就在。"

"同学们，我手里拿的是大理岩和花岗岩。"张玉滚带着五年级学生在野外上科学课，孩子们兴高采烈地在小溪边、山坡上找不同类型的岩石，拿在手里认真比对着。

由于学校师资力量不足，张玉滚便把自己磨炼成了"全能型"教师。学校现有 75 名学生，张玉滚既是校长，同时还担任着数学、英语、品德社会、科学四门学科的教学工作。

"千方百计上好每一节课。"这是张玉滚给自己定下的铁的纪律。数学课上，他运用直观教学法，和孩子们一起制作教具；语文教学中，优化教学环节，力争把每节课的讲课时间控制在 15 分钟内，把更多的时间留给学生思考和练习；英语课上，他不断激发学生的学习兴趣，消除他们对英语的恐惧感。科学课上，他带领孩子们去野外上课抑或是自己动手做实验，培养他们好奇、探究和充满想象力的心……

"给学生一瓢水，老师要有一桶水。"无论再忙再累，张玉滚都不忘学习。如今，他已经完成大专课程，正在自学本科课程。

黑虎庙村小学辐射半径达 20 多公里，为了让中午不回家的孩子吃好饭，张玉滚又担起了孩子们的后勤保障任务，还说服在外打工的妻子回来帮忙。

17 年的艰苦磨炼，练就了张玉滚"过硬"的技能：手持教鞭能上课，拿起勺子能做饭，握起剪刀能裁缝，打开药箱能治病……

大山外面的世界虽然很大很精彩，然而，受张玉滚的影响和感召，4 名退休教师决定返回山里继续教书，张玉滚曾经的学生张磊也在外出上学毕业后回到黑虎庙小学，并选择留了下来。

"只要孩子在，学校就在。"这是采访中，老师们说得最多的一句话。

在偏远的山村，每一所学校、每一个老师，都像星星之火。记者回程途中，在山顶俯瞰山谷中那面鲜艳的五星红旗，仿佛跳动的火焰，在风中永不熄灭……

（2018 年 9 月 8 日）

扎根深山十七载　把山路走成通天大道

□　王烁

　　"你把十八弯的山路走成了'通天的大道'，你闪光的汗水浇出山花更艳更俏，当春风催开冰封的大地，你总是摸着我的脑袋舒心地微笑……"这首由当地教育部门谱写的歌词里说的这个"你"，就是扎根深山十七载的"80后"山村教师——张玉滚。

"都走了，山里的孩子怎么办"

　　从河南省南阳市镇平县出发，往西北方向走过蜿蜒近30公里的盘山路，村口一座庙宇旁，黑虎庙小学就坐落在这里。

"墙上挂着一幅我喜欢的油画，画面景色迷人，充满了春天的勃勃生机……"春日的校园里不时地传来孩子们的琅琅读书声，年久斑驳的墙上是孩子们的学雷锋专栏，稚嫩的笔触画出了孩子们平日生活中做好事的点点滴滴。空旷的校园里，教学楼下悬挂的一口锈迹斑斑的手动上课铃格外醒目，一张乒乓球台便是这个学校唯一的体育教学设施。

黑虎庙村是镇平县的深度贫困村，位于伏牛山深处，这里位置偏僻，直到 2017 年冬天才通了不定时的公共汽车。由于交通不便，信息闭塞，经济基础差，生存条件艰苦，许多老师都不愿到这里任教。

2001 年，张玉滚从南阳第二师范学校毕业，作为一名从大山里走出来的优秀人才，父母希望他能到城市去发展。"外面的老师进不来，咱自己培养的学生留不下，都走了，山里的孩子怎么办……"老校长吴龙奇的一番话让张玉滚陷入了深深的思考，于是，他说服了父母，留在了黑虎庙小学。

刚开始代课，张玉滚一个月的工资不过几十块钱。有时还发不及时，身边的亲人都劝他趁年轻早点走出大山，他一遍又一遍地解释，始终没迈开走出大山的脚步。

"我是山里人，知道山里的苦，看着自己教的学生一个个能走出大山，我就觉得值。"17 年来，这里的老师换了一茬又一茬，只有张玉滚一直坚守在这偏远的山区。他教的学生有许多考上了大学，还有的念了研究生。家长们提到他，总会激动地说："玉滚在，我们的孩子就有希望。"

"千方百计上好每一节课"

"同学们，你们看我手里拿的就是大理岩和花岗岩，你们自己也找找看。"张玉滚正带着五年级的学生在野外上科学课，这节课的主题是《认识几种常见的岩石》。孩子们兴高采烈地在小溪边、山坡上找不同类型的岩石，拿在手里认真比对。

由于学校条件艰苦，师资力量不足，张玉滚不得不把自己磨炼成"全能型"教师。学校现有 75 名学生，已是校长的张玉滚，同时还担任着数学、英语、品德与社会、科学四门学科的教学工作。

2017 年，在当地政府的资助下，学校新盖了宿舍楼，有 40 多名学生在校住宿，张玉滚又当起了生活老师，照看学生的饮食起居。他每天凌晨五点半起床，晚上等孩子们入睡后，他还要在灯下备课，直到凌晨十二点以后。

"千方百计上好每一节课。"这是张玉滚给自己定下的铁纪律。数学课上，他运用直观教学法，和孩子们一起制作教具；语文课上，优化教学环节，力争把每节课讲的时间控制在 15 分钟内，把更多的时间留给学生独立思考和练习；英语课上，他不断地激发学生的英语学习兴趣，消除他们对英语的恐惧；科学课上，他带领孩子们去野外上课抑或是自己动手做实验，培养他们的好奇心和想象力……多年来，张玉滚所教年级学生的成绩，在全镇名列前茅。

为了不断提高自己的业务水平，他还利用课余时间进修了大专，现在正在进修本科，学习初等教育专业。

做一轮照亮山村孩子的明月

黑虎庙小学辐射半径达周边 20 多公里，大多数孩子中午都在学校自己做饭吃。当张玉滚看到有些年龄小的学生做的饭半生不熟，就又主动承担起孩子们的后勤保障工作。不仅如此，他还动员在外打工的妻子回来帮他给学生们做饭。

山里的孩子，父母大多在外打工。谁家孩子在哪儿居住，谁家孩子爷爷奶奶多大年纪，谁家孩子上学需要接送……他都一一记在心上。

2014 年 6 月的一个晚上，学生张朋的家长打电话说孩子还没到家。正在改作业的张玉滚挂掉家长电话，立刻和妻子一起打着手电筒进山去找，最后发现张朋在回家的路上靠在大石头旁熟睡了。张玉滚二话不说，背起张朋就走，经过一个多小时才把张朋安全送到家。后来，接送学生也逐渐成了张玉滚的家常便饭。

多年来，黑虎庙小学没有一个学生因为贫困辍学，张玉滚和学生们同吃同住，和妻子一起料理学生的日常生活，并用自己微薄的收入资助了 300 余名学生，继续他们的求学之路。

受张玉滚的影响和感召，黑虎庙小学 4 名退休教师决定返回山里继续教书，张玉滚曾经的学生张磊在外上学毕业后也回到黑虎庙小学任教。

问及将来的打算，张玉滚的回答简单而诗意："我愿意做一轮明月，照亮山村孩子走出大山的路，也希望有更多的人能够关注大山里的孩子们。"

（2018 年 3 月 23 日）

中国伏牛山区教育的启明星

□　王烁

　　站在河南省镇平县黑虎庙村，举目四望，四周山连着山，人仿佛立于杯底。走出大山，改变命运，是生活在大山里的人世世代代的梦想，张玉滚也不例外。他曾经通过刻苦学习，成为山里第一个"秀才"，成功走出了大山，可当外面美好的世界正朝他招手的时候，他却选择停下脚步，转头扎进了那个养育了他的大山，一待就是18年。

被"困"在大山里的师范生

　　从镇平县城出发，向西北沿着盘山公路

到达海拔 1600 多米的尖顶山头，向下望去，群山环抱着十里八乡孩子们走出大山的希望——黑虎庙小学。

作为一名"80 后"，张玉滚显得比同龄人沧桑许多。风华正茂的年纪鬓角却已斑白，尽管眼角布满皱纹，可只要提起孩子，提起学校，他的眼中总有光。

2001 年，刚从师范学校毕业，张玉滚本打算去城里谋个职位。"出去闯一闯，好歹干个啥，总比窝在大山里受穷强。"见过外面世界的张玉滚，对于未来的规划并没有回山里教书这一项，然而，他的人生，偏偏被"困"在了这座大山里。

黑虎庙村又穷又偏，由于交通不便，信息闭塞，经济基础差，生活条件艰苦，年轻老师都不愿到这里任教。

"外面的老师进不来，咱自己培养的学生留不下，都走了，山里的孩子咋办？"当张玉滚跟着老校长吴龙奇走进自己当年上课的教室，映入眼帘的依然是"破桌子，破水泥台子，里面坐着十来个'土孩子'"。但是看着孩子们稚嫩的脸庞上流露出的期待，他陷入了沉思。随后，他蹲到一个小女孩儿身旁问："我当你们的老师好不好？"周围孩子们纷纷大声说好。于是，张玉滚就留在黑虎庙小学，成了每月拿 30 元补助、年底分 100 斤粮食、没有编制的民办教师。

很长一段时间，张玉滚微薄的收入连自己都养活不了，面对微薄的工资、艰苦的环境，张玉滚犹豫过。"前半夜想想自己，后半夜想想孩子。都走了，孩子们咋办？"如今，家长们提起他，总会激动地说："玉滚来了，我们的孩子就有希望了。"

一根扁担挑出大山孩子读书梦

想要圆了大山里孩子们的读书梦，先要有书。那时的黑虎庙村并未通公路，书本只能靠人力翻过尖顶山，用扁担沿着山脊上牛羊踩出的小道一趟趟地运进来。

挑书本教材、学具教具，挑油盐酱醋、蔬菜大米，整整 5 年，身高只有 1.60 米左右的张玉滚靠着一根从老校长手里接过的扁担，为孩子们挑来学习生活用品，也挑来了大山外面的世界。

2006 年，通往黑虎庙的公路修好了，山里人的出行方式终于有了改变。张玉滚省吃俭用置办了一辆摩托车，十几年来，他骑坏了 4 辆摩托车，轮胎更换的次数更是数不清。

2013 年 10 月，他骑摩托车到镇上，在一个急转弯处摩托车刹车失灵，撞上一块大石头，他摔晕过去，差点掉下悬崖。幸好被路过的村民发现，送去医院住了没几天，他就急着回学校，在妻子的搀扶下站上讲台。望着讲台上头裹纱布的张老师，山里娃喊出"老师好"后，哭成一片。

山里的孩子，父母外出打工者居多。考虑到出行安全，很多学生就直接住在了学校，日常的生活起居全由张玉滚夫妇承担了下来。

为了让自己在学校的每一天对得起学生和家长们，张玉滚从各方面不断给自己"充电"。日常做饭、缝缝补补、修理课桌椅早已不在话下。学生们有个头疼脑热，他总能第一时间发现；有的孩子一时交不上餐费，他就悄悄掏腰包垫上。

黑虎庙村党支部书记韩新焕说："玉滚收入微薄，可这十几年来却资助过 300 多名学生。有他在，没让一个学生因家里贫困而辍学。"

在张玉滚和其他老师的共同努力下，黑虎庙小学顽强地生存着。一年又一年，孩子们从这里走出大山，有的考上大学，有的还读了研究生。在张玉滚任教前，黑虎庙村只有一个大学生，现在已经有 25 人。

"千方百计上好每一节课"

"千方百计上好每一节课。"这是张玉滚给自己定下的铁的纪律。条件艰苦，师资不足，但决不能让山里娃娃比别人差。没有数学教具，张玉滚就和学生一起用木头制作模型。没有体育器械，树枝就是天然的接力棒。英语教材变动大，张玉滚就自己找来磁带、录音机，一遍遍地听、抄、背。所有的教学内容，张玉滚都要先学上一遍，为了学生，他愣是把自己"逼"成了精通小学每一门课程的"全能型"教师。

"给学生一瓢水，老师要有一桶水。"这是张玉滚的口头禅。多年来，他在教中学、学中教，"山里本来就闭塞，老师不多学点，咋教好娃们？"

欣慰的是，在教育部门和社会各界的关注下，黑虎庙小学也发生了翻天覆地的变化：旧有的教学楼被粉刷成鲜嫩的明黄色，"树百年报国志 做世纪栋梁材"几个烫金大字泛着光；学校盖起了新食堂，孩子们再不用蹲在地上吃饭了；校园外，崭新的塑胶跑道成了孩子们课外活动的天堂……

大山外面的世界很精彩，但是，受张玉滚的影响和感召，4名退休教师决定返回山里继续教书。如今通过社会招聘，学校老师人数已经达到了11名。

如今，张玉滚期待的让山里的孩子们享受到和大城市孩子同等教育的目标，也在一点点靠近。

冬去春来，尖顶山上的麻栎树绿了又黄，黄了又绿。张玉滚依然在这座大山中坚守。当地人说，他就像一颗启明星，照亮山里孩子的未来。

（2019 年 10 月 22 日）

反 响

传递奉献和坚守的力量

河南省镇平县黑虎庙小学的"80后"教师张玉滚，扎根深山十七载，默默奉献着自己的青春年华，不求回报，只做大山深处的一支红烛，燃烧自己，照亮山区孩子们求学的道路，展现了新时代人民教师的光辉形象。张玉滚近日入选2018年全国教书育人楷模名单，也被授予"时代楷模"称号。

　　张玉滚的典型事迹经媒体播发后，在社会上引起强烈反响。大家认为，张玉滚敬业奉献、坚守担当、甘于牺牲，体现了时代呼唤的宝贵的园丁精神。要推动基层教育事业实现高质量发展，就需要张玉滚这样的好老师。特别是在他的家乡镇平县，大家持续热议着这位身边的"时代楷模"。

　　"张玉滚是镇平人民的骄傲，是全社会学习的榜样。从他身上可以学到的是，无论从事什么职业，无论坚守什么岗位，只要胸怀理想，脚踏实地，求真务实，奋发有为，就能创造出不平凡的业绩。"镇平县县长艾进德说，新时代呼唤一大批像张玉滚这样的"雷锋精神"传承者和社会主义核心价值观践行者，更扎实地履行社会责任，更忠实地服务人民群众。

　　镇平县委书记李显庆认为，张玉滚在平凡的岗位上创造不平凡的价值，关键在于他不忘初心、潜心教学、精心育人、艰苦奋斗，以实际行动书写新时代的雷锋故事。他的精神必将激励镇平全县干部群众见贤思齐、向上向善，释放出新时代的担当和作为。

　　"新学期开启新征程，要以张玉滚老师为榜样，做一名胸怀大爱、积极进取、敬业奉献的新时代教育工作者。"开学前夕，黑虎庙小学年轻教师张磊在备课簿扉页写下励志签名。"在张校长身上，我不仅看到了人间大爱，也切实感受到了山区教育的希望。"张磊表示，自己在从教的 5 年间，见证了张玉滚对孩子们的关心和照顾。他的先进事迹既是鼓励又是鞭策，要以他为榜样，身接地气、教书育人，让青春在奋斗和坚守中绽放光芒，给更多山区孩子走出大山的希望。

镇平县张林镇黑龙集小学教师余新征、高丘镇初级中学教师王伟飞也表示，要向张玉滚学习，用爱心谱写教育华章、抒写教育情怀，以实际行动诠释人民教师的责任与担当。

也有不少网民为张玉滚的事迹"点赞"。网民"常春中国"说，看了张老师的事迹，感受颇深，向张老师致敬。

网民"我匿了"在微博上说，张老师的事情令人震撼、感动。都说孩子是国家的未来，教育者教书育人，为山区学生带来了希望，谢谢他的坚持。

就读于南阳师范学院的韩钰鉴说，作为张玉滚老师的学生，其爱生如子、甘为人梯的形象早已在他心中扎根，并且深深地影响着他的人生。高考填报志愿时，他毅然决然地选择了师范专业，就是想在未来返回家乡，做一名像张老师一样的好教师。

新华社　王烁

（2020 年 9 月 8 日）

改变山里娃命运的人

□ 王胜昔 刁良梓

在河南省南阳市镇平县伏牛山区，有这样一位普通的小学校长，为了一句庄严的承诺，他坚守大山深处，只为干好一件事：改变山里娃命运，点燃深山孩子的希望。

他叫张玉滚，一个"80后"小学校长，扎根黑虎庙小学17年，先后教过500多名孩子，培养出16名大学生。当地人把他的事迹编成歌曲传唱，感动了无数人。

8月31日下午，在教育部九楼会议室，教育部有关领导同志把"全国教书育人楷模"这块金光闪闪的匾牌递到他手上，并与他亲切握手，合影留念。

"真不敢相信这是真的！""黑虎庙小学现在变化可大了！"张玉滚在电话里兴奋极了。

9月2日，翻越尖顶山，记者来到黑虎庙小学时已近中午，远远看到鲜艳的五星红旗高高飘扬，以及门口"树百年报国志 做世纪栋梁才"十二个大字。走进校门，二层教学楼是新粉刷的，教学楼西边的两间房是学生餐厅……这与之前记者看到的黑虎庙小学判若两样。

一句承诺

黑虎庙村是镇平县北部深山区的一个行政村。从地图上看，这里距离县城70多公里，不算太远。然而海拔1600多米的尖顶山仅"Z"字形的急转弯就有58个。

以前，要想走出大山，黑虎庙人得沿着山脊上的羊肠小道，翻过尖顶山，再穿过险峻难行的八里坡。黑虎庙村1300多人，下辖13个自然村，零星分布在方圆十几公里的带状山坳里。学校虽说在村中央，但住得远的学生来学校就得步行3小时。一座破旧的两层教学楼，一栋两层的宿舍，三间平房，就是这个学校的全部家当。

走出大山，改变命运，过上好日子是山里人世世代代的梦想。而这一切必须从教育开始。

2001 年 8 月，眼瞅着开学在即，老校长吴龙奇把手里的教师拨拉几个来回，加上返聘的，还有两个班开学没老师。学校偏僻，没人愿意来，这十里八村还有谁能救急？吴龙奇脑海里突然蹦出一个人——自己教过的学生张玉滚，7 月份刚从南阳第二师范学校毕业。"这可是个正儿八经的师范生呢。"他高兴得直拍大腿。

在外上了 3 年学，老实巴交的张玉滚也有自己的小心思：出去闯一闯，好歹干个啥，总比窝在大山里受穷强。那时候张玉滚正准备南下。可耐不住老校长的软磨硬泡，张玉滚跟着吴龙奇走进自己当年上课的教室，映入眼帘的依然是"破桌子，破水泥台子，里面坐着十来个'土孩子'"。

看着孩子们清澈无邪、渴望知识的眼神，那不正是自己小时候的模样吗？难道就因为没有老师，让他们小小年纪就失学吗？张玉滚鼻子一酸。

"老校长，啥也不说了，我不走了。"就这样，21 岁的张玉滚成了一名每月拿 30 元补助，年底再分 100 斤粮食的民办教师。

一根扁担

在张玉滚住的宿舍里，记者见到一根磨得溜光的扁担，两米长，黝黑发亮。黑虎庙小学的老教师说，这根扁担不寻常，老校长用它挑了几十年。后来，老校长挑不动了，张玉滚接着挑。

挑书本教材、学具教具，挑油盐酱醋、蔬菜大米。身高只有 1.60 米的张玉滚，肩不离担，担不离肩，风里来雨里去，冬天一身雪，夏天一身汗。

有年冬天特别冷。山里潮气大，遇冷成冰，本来就难走的八里坡，更加湿滑难行。眼看就要开学了，孩子们的书本还在高丘镇。

正月初十凌晨3点多，张玉滚和另一名老师路喜安扛着扁担就出发了。揣上几个凉馍，一步一滑，直到中午才赶到镇上。向路边人家讨口热水吃了凉馍，他俩又赶紧挑着几十公斤重的教材、作业本往回走。

一路紧赶慢赶，晚上10点多，两人才走到尖顶山顶。汗水在眉间结成了冰碴，肩膀早已磨肿，脚上水泡连水泡，每走一步都疼得钻心。天黑看不清路，他俩实在走不动了，就找了个山洞，用油毡把书本包起来，小心翼翼放好，背靠背取暖坐了大半夜。第二天一早就往回走，等到了学校，两人几乎成了"泥人"，书本却被裹得严严实实，打开来干干净净，连一点褶皱都没有。

从2001年到2006年，5年间，靠着一根扁担，踩着老校长的脚窝窝，张玉滚为孩子们挑来学习生活用品，也挑起孩子们的希望。

2006年，通往黑虎庙的公路修好了，山里人的出行方式终于有了改变。张玉滚省吃俭用置办了一辆摩托车。此后，他去镇上给学校买米、买菜、拉教材，再也不用肩挑背扛了。

老扁担谢幕，小摩托登场。老扁担上凝结的一代代山区教师艰苦奋斗、无私奉献的"扁担精神"，继续在小摩托上传承发扬。

黑虎庙小学全校75个孩子，40多个学生在校住宿。这些孩子中有1/3是留守儿童。张玉滚对这些情况一清二楚：谁家孩子爷爷奶奶年纪大了，要格外操心；孩子们都在哪儿住，谁上学需要接送……

黑虎庙村党支部书记韩新焕说："玉滚收入微薄，可这17年来却资助过300多名学生。有他在，没让一个孩子失学。"

桃李不言，下自成蹊。在张玉滚和其他老师的共同努力下，黑虎庙小学顽强地生存着。一年又一年，孩子们从这里走出大山，有的考上重点大学，有的还读了研究生。在张玉滚任教前，黑虎庙村只有一个大学生，现在已经有了16个。

2012年7月，镇平县特批7个深山区民办教师转正名额，张玉滚转为公办教师。常年的操劳让38岁的张玉滚看起来像50多岁，去镇里开会，不熟悉的人问他："快退休了吧？"他总是呵呵一笑。

一种坚守

由于学校条件艰苦，师资力量不足，张玉滚不得不把自己打造成全能型教师。语文、数学、英语、品德、科学，他样样精通。4年前，张玉滚接任校长，他又同时肩负起学校教研课改的总体工作。

"不耽误一节课，千方百计上好每一节课。"数学课上，张玉滚运用直观教学法，和孩子们一起制作钟表表盘、正方体、长方体等教具；科学课上，他带领孩子们去野外考察，激发他们热爱大自然、探究大自然的兴趣；学校缺少体育设施，大课间时，他就和孩子们围成一圈玩抵羊斗鸡，活动课他还经常领孩子们去爬山。

为让山里孩子也能讲一口纯正的英语，张玉滚自己掏腰包买来录音机和磁带，先跟着一遍一遍学。在课堂上，他一边播一边教，有时候一个发音，让孩子们反复练上十几遍。

"给学生一瓢水，老师要有一桶水。"这是张玉滚的口头禅。多年来，他在教中学、学中教，"山里信息本来就闭塞，老师不多学点，咋教好娃们？"

让张玉滚欣慰的是，这些年，在上级教育部门和社会各界的关心下，学校教学条件在不断改善，校园粉刷一新，学生宿舍和老师办公室都装上了空调，还建起了崭新的学生食堂。

为了孩子，张玉滚练就一身过硬的好本领：手执教鞭能上课，掂起勺子能做饭，拿起针线能缝纫，打开药箱能治病。课桌椅坏了他来修，校舍破了他来补。可人的精力是有限的，17年来，张玉滚几乎把全部心血都倾注在学校、把全部热爱都给了学生。他最感愧疚的，就是妻子张会云。

学校原来没有食堂，孩子们自己从家里带米面馒头，在教室后面一间临时搭建的棚子里生火做饭。每天烟熏火燎，年龄小的孩子做的饭总是半生不熟。

2003年，食堂建好了。可是给的工资少，没人愿意来做饭。万般无奈之下，张玉滚想到了妻子张会云。"当时她在外打工，一个月一两千块钱，收入比我高得多。"张玉滚说。

2014年5月的一天，张会云在轧面条时出了意外，右手4个手指被机器轧折，鲜血淋漓。等赶到县医院，已错过最佳治疗时机，落下了残疾。可没过几天，张会云又出现在学校。

目前，镇平县正尽最大努力解决师资短缺问题，逐步提升山区教学质量。给深山区教师发放津贴，想方设法提高山区教师待遇。

对偏远的山村来说，每一所学校，就是一堆火；每一名老师，就像一盏灯。火焰虽微，也能温暖人心、点燃希望；灯光虽弱，却能划破夜空、照亮未来。

（2018 年 10 月 25 日）

评述

教育兴则乡村兴

经师易求，人师难得。在河南省镇平县大山深处，一名"80 后"年轻人，以改变乡人命运为信念，17 年间克服重重困难，先后教过 500 多名孩子，培养出 16 名大学生。张玉滚，这个因为长年操劳而看起来格外老成的小学校长，把热血青春献给了基层教育。他的付出，是孩子们人生路上的指路明灯；他的荣誉，为每一位默默耕耘的乡村教师所共有。

教育兴则乡村兴。习近平总书记指出："中国要强，农业必须强；中国要美，农村必须美；中国要富，农民必须富。"党的十九大提出实施乡村振兴战略，这是决胜全面建成小康社会、开启全面建设社会主义现代化国家征程的重要一环，而乡村教育健康发展对其具有重要意义。乡村，不应该只是记忆中的故园，更不能是缺乏活力的荒芜之地。要描绘好乡村振兴这幅时代画卷，必须要高度重视乡村教育。

2015 年，国家实施《乡村教师支持计划（2015—2020 年）》，打开了新时代乡村教育健康发展的新局面。从建立乡村教师培养和补充长效机制，到提升乡村教师工资福利待遇；从努力拓宽乡村教师职业发展渠道，到实施乡村教师荣誉制度……这些举措，为"铸魂"乡村振兴奠定了良好基础。同时，也要看到，在起点相对低的地方，乡村教育健康发展仍存在不少困难和问题，需要政府、社会持续关注并努力解决。譬如，张玉滚所在的黑虎庙小学，虽然近期得到了修缮，与之前判若两样，但这里依然自然条件艰苦、教育资源短缺，依然需要得到持续的关爱与支持。

乡村振兴，教育先行。实施乡村振兴战略离不开乡村教育的支撑，同样离不开乡村教师们的倾力奉献。他们"捧着一颗心来，不带半根草去"的精神值得赞颂千篇，同时我们还应该行动起来，在待遇上、情感上、制度上予以乡村教师更多实际的支撑。有了这样的认识，乡村教师队伍才能"留得住，教得好"，乡村教育才有前景、有希望，乡村振兴的基础才更加扎实。

《光明日报》评论员

（2018 年 9 月 6 日 08 版）

一根扁担挑起山里娃的"上学梦"

□　王胜昔　刁良梓

春天的伏牛山，满山遍野披上绿装，黄色的连翘花竞相开放。

位于伏牛山深处的河南省南阳市镇平县高丘镇黑虎庙小学校园里，红旗迎风飘扬，教室里书声琅琅，校长张玉滚正在给六年级的孩子们上课。

这样熟悉的画面，在全国道德模范张玉滚的人生中已经重复了20个年头。山还是那座山，孩子们送走了一届又一届，而张玉滚始终坚守在这里。

"无论多忙，我都坚持给孩子们上课，每周至少保证6节课。如果遇上省里或者市里的巡讲活动，落下的课，我都会抽时间补上。"眼前的张玉滚虽然已是享誉全国的道德模范，但聚光灯下的他始终朴实无华，一说到学生就两眼放光。

"您看，校园里焕然一新，孩子们有了全新的塑胶跑道。如今，学校有 12 位任课教师，每位老师都住上了一室一厅一卫的教师周转房……"课间时，张玉滚带着记者参观崭新的现代化校园，对校园设施如数家珍，"学校六年级也办起来了，教师们干劲儿可足了"。

此时的校园里，孩子们有打乒乓球的、有跳绳的、有玩老鹰捉小鸡的……一切都是那么的生机勃勃。

"啥也不说了，俺不走了"

一个人静下来的时候，望着眼前这一切，张玉滚常常会不自觉地想起以前的黑虎庙小学，那时与现在相比，有着天壤之别。

以前，黑虎庙人想走出大山，需要沿着牧羊人顺山脊走出的小道，翻越海拔 1600 多米的尖顶山，攀爬险峻难行的八里坡。老辈人说："上八里、下八里，还有一个尖顶山；羊肠道，悬崖多，一不小心见阎罗。"

走出大山，改变命运，过上好日子，是山里人世世代代的梦想。但要刨除穷根，必须从教育开始。

2001 年 8 月，眼瞅着开学在即，黑虎庙小学老校长吴龙奇为安排老师上课犯了难：算上返聘的，依旧还有两个班要面临开学却没有老师授课。

正当火急火燎时，老校长脑海里突然蹦出一个人，高兴得一拍大腿："早先咋没想到，黑虎庙还有个正儿八经的中等师范毕业生呢，自己教过的学生张玉滚，不是 7 月份刚从南阳第二师范学校毕业了嘛？"

老校长赶紧挎上一篮鸡蛋赶去张玉滚家，恰好碰见张玉滚在收拾行李，准备和同学一道去南方打工。"玉滚啊，你是我的学生，得帮个忙暂时顶一下！"老校长软话说了一箩筐，张玉滚左右为难。

为了打动张玉滚，接下来几天老校长每天都往张玉滚家里跑三趟。后来，老校长换了"套路"："咱不能牛不喝水强按头，你好歹跟我去学校瞅一眼再说，是走是留，我不拦你。"

跟着老校长，张玉滚推开当年自己用过的教室门，映入眼帘的依然是"旧桌子，旧水泥台子，里面坐着十来个孩子"。看着孩子们清澈无邪、渴望知识的眼神，那不正是自己小时候的模样吗？张玉滚鼻子陡然一酸，他的心被深深地击中了。

21 岁的小伙子，一言九鼎："老师，啥也不说了，俺不走了！"

就这样，张玉滚成了一名每月拿 30 元补助一年 100 斤粮食的乡村民办教师。

"再苦再难，也要把学校办下去"

在黑虎庙小学，有一个传家宝：一根磨得溜光的扁担，两米左右，黝黑发亮。学校的老教师说，这根扁担不寻常，它是老校长挑了数十年的扁担，老校长挑不动了，张玉滚接着挑。

在黑虎庙不通车的日子里，靠着一根扁担，沿着老校长走过的路，张玉滚为孩子们挑来了学习和生活用品，也挑起了孩子们的希望。

当年盖新校舍，运材料格外难。正赶上农忙季，建筑队的民工都去抢收抢种了，搬砖运料，就落在老校长和张玉滚等老师身上。上山撬石头，下河挖砂土，运水泥、搬砖头、平地基。建校的一砖一瓦，好多都是张玉滚他们挑来的。起早贪黑，没日没夜，在大家的共同努力下，崭新的教学楼拔地而起，张玉滚也瘦了一大圈。

在学校建成标准化食堂前，孩子们在教室后面一间临时搭建的棚子里做饭，每到做饭时热闹得很，孩子们的小脸都被熏成了"黑老包"，年龄小的学生做的饭经常半生不熟……

2003 年，张玉滚克服重重困难，东拼西凑，总算将食堂建好了。可是，因为学校给的工资少，没人愿意来做饭。万般无奈之下张玉滚软磨硬泡，说服在外打工的妻子回到黑虎庙，成为学校的炊事员。

2014 年 5 月，妻子在一次为学生轧面条时，一不小心被轧面机轧断了右手的四根手指，鲜血淋漓。由于山高路远，等赶到县里医院，已经错过了接上手指的最佳治疗时机，妻子也因此落下了残疾。从此以后，她炒菜、做饭由右手改成了左手，见了生人还羞涩得把右手藏在身后。

尖顶山上的麻栎树绿了又黄，黄了又绿。"再苦再难也要把学校办下去。"为了一句庄严的承诺，为了改变山里娃的命运，张玉滚这一干就是 20 年。20 年来，他先后教过 600 多名孩子，培养出 31 名大学生，这些孩子也都在大城市里实现了自己的奋斗梦。

"给学生一瓢水，老师要有一桶水"

为了孩子的一切，为了一切孩子。在黑虎庙小学，这绝不仅仅是一句刷在墙上的空话。

由于学校条件艰苦，师资力量不足，张玉滚不得不把自己打造成"全能型"教师：他是校长，同时还担任着五年级数学、英语、品德与社会、科学这 4 门课程的教学工作。张玉滚吃住都在学校，除了教学，还肩负着学校教研课改的总体工作。

数学课上，他运用直观教学法，和孩子们一起制作钟表表盘、正方体、长方体等教具；英语课上，他不断激发学生的英语学习兴趣，消除他们对英语的恐惧感；科学课上，他带领孩子们去野外上课抑或是自己动手做实验，激发他们热爱大自然、探究大自然的兴趣；体育课上，没有体育设施，张玉滚就带着孩子们爬对面的尖顶山，认识山川河流、花草树木、鸟兽虫鱼；课间时，张玉滚常常会带着孩子们围成一圈玩抵羊、斗鸡，通过趣味游戏强身健体。

"给学生一瓢水，老师要有一桶水。"这是张玉滚的口头禅，在教中学、学中教，无论再忙再累，他都不忘学习。这些年，张玉滚自学完成了大专所有课程，现在每天晚上还在挑灯夜战，自学本科课程，"山里本来就闭塞，老师不多学点，咋教好娃们？"

爱是最长久的坚守，张玉滚爱学校、爱教育、爱孩子。这种爱未必回肠荡气，却充满感人的细节。课桌椅坏了，他来修；校舍破了，他来补；学生们需要的各种物品，他去挑；有的孩子没有餐费，他自己掏腰包垫上……黑虎庙村党支部书记张书志告诉记者，张玉滚虽然收入微薄，但20年来资助的学生却有300多名，没让一个孩子失学。

一支粉笔，两袖清风，三尺讲台，四季晴雨。这些山村教师，扎根在贫瘠闭塞的小山村，平凡而又坚忍，为乡村教育输送着源源不断的养分，高高擎起教育的火种，照亮山村孩子走出大山的路。

2018年，张玉滚的感人事迹被媒体报道后，山村教育的现状引起了社会的更多关注。当地政府投入300多万元用于改善黑虎庙小学的基础设施，近两年来，先后有8名老师来到黑虎庙小学任教，解决了教师短缺问题。爱心似雪花般纷纷从全国各地飘来：先后有十几所学校与黑虎庙小学结对子，他们不仅送教上门，还邀请黑虎庙小学的老师到郑州、南阳等地的学校参加教研活动。"看我们新建的少年宫，这是钢琴教室，这是图书阅览室，这是室内运动场地……"张玉滚一间一间带着记者参观。

教学条件好了，教师短缺问题也解决了，眼下，最让张玉滚挂心的是如何提高教学质量："我们要进一步与结对学校深度融合，请进来，走出去，把名校的先进教学经验带回来，为我们所用。"

采访结束时，记者得知，黑虎庙通往山外的柏油马路已经修到了半山腰，这里正在规划乡村旅游。不远的将来，黑虎庙将与外面的世界一样精彩……

短评

激励更多有志青年躬身教育

"扁担窄窄，挑起山乡的未来；板凳宽宽，稳住孩子们的心……"这是对张玉滚教书育人之路的生动写照。毕业后回到家乡，张玉滚从一名每月拿30元补助的民办教师干起，一干就是20年。靠一根扁担，把学生的课本、文具挑进了大山深处，一挑就是5年。他，是这里的全能教师，手执教鞭能上课，掂起勺子能做饭，握起剪刀能裁缝，打开药箱能治病。

坚持一时容易，坚守一辈子不容易，没有信念的人做不到。"泥巴砖头垒个灶台，顶多能用个十年八载。咱们教学生认的每个字，他能用一辈子。"老校长的话朴素平实，却成了支撑张玉滚度过艰难岁月的定海神针。

面对微薄的工资、简陋的办学条件、养家糊口的困窘，张玉滚无怨无悔扎根偏僻山村，不忘初心、潜心教学、精心育人。他就像伏牛山上那漫山遍野的连翘，挺立于高山，扎根于泥土，忍受着风霜雪雨，把清香留给人间。

今年我国将全面推进乡村振兴，乡村振兴的关键是人才振兴，只有无数个像张玉滚一样的优秀教育者投身乡村教育，耐得住寂寞、看得淡名利，将自己的热血、真情和真才实学奉献给这片热土，乡村才有希望，乡村才有未来。张玉滚的精神，就如一粒种子，深深扎进泥土，慢慢生根发芽，从一片绿叶到整个森林，激励着更多有志青年躬身教育。我们相信，随着国家各项政策的完善和相关保障机制的护航，将有更多优秀教师投身乡村教育，谱写出乡村教育振兴的动人新篇章。

（2021 年 4 月 7 日）

张玉滚：愿做十八弯山路上的一轮明月

□　王胜昔　刁良梓

　　"我愿做十八弯山路上的一轮明月，照亮孩子前进的道路。"为了一句诺言，张玉滚在地处深山的黑虎庙小学一干就是 18 年。

　　9 月 5 日，第七届全国道德模范名单揭晓，张玉滚入选敬业奉献类全国道德模范。

　　看着他沧桑的面庞，怎么也不像 30 多岁的人，实际上，他是真正的"80后"。张玉滚中专毕业后，应老校长的邀请，回到了位于伏牛山深处的河南省南阳市镇平县高丘镇黑虎庙小学任教。最初是每月只拿 30 元钱补助、年底再分 100 斤粮食的民办教师，直到 2012 年 6 月才转为正式在编教师。

"千方百计上好每一节课，这是我给自己定下的铁规矩。条件艰苦，大多数老师不愿意来，而学校的各项工作要开展，我把自己磨炼成'万金油'式教师，各个学科都要教。"张玉滚说，学校由于经费不足，没钱去请炊事员。他就说服了在外打工的妻子回来帮忙给学生做饭。

2006 年以前，学校到山外不通车，要想走出大山，得沿着山脊上牛羊踩出的小道，翻山越岭，走到最近的镇需要 10 多个小时。学习教材、生活用品，样样都得从镇上用扁担挑回来。张玉滚肩不离担，担不离肩，风里来雨里去，冬天一身雪，夏天一身汗。张玉滚硬是靠着一根扁担，为孩子们挑来生活学习用品，也挑起了孩子们的希望。

"2006 年，黑虎庙通往山外的公路修好了，山里人的出行方式终于有了改变，但是因为山高路险通不了客车，很多村民买了摩托车、机动三轮车。"张玉滚说，"我咬咬牙，也省吃俭用置办了一辆摩托车。此后，老扁担谢幕，小摩托登场，我去镇上给学校买米、买菜、拉教材，再也不用肩挑背扛了。少则几十斤，多则百余斤，几年下来，我骑坏了 4 辆摩托车，轮胎更换的次数数也数不清。"

"这些年的艰苦磨炼，练就了我过硬的技能：手执教鞭能上课，拿起勺子能做饭，握起剪刀能裁缝，打开药箱能治病……"张玉滚说，一分耕耘一分收获，孩子们的成绩在全镇一直名列前茅。年复一年，学生走了一届又一届，他也先后教了 500 多名孩子，培养出 16 名大学生。

"在党和政府的关心下，现在，黑虎庙小学的办学条件得到了很大的改善。2017 年，我们新建的宿舍楼正式投入使用，解决了学生和老师的住宿问题。我们还翻修了教学楼，鲜艳的明黄色让学校在大山中亮丽起来。"张玉滚说，学校里"树百年报国志，做世纪栋梁材"几个大字泛着希望的光，也给孩子们带来了更高的期望。

去年 9 月，随着新入职的 4 名老师，黑虎庙小学全校教师已增至 10 名。张玉滚说："希望尽快让老师们通过到教师进修学校进修、参加网上'国培计划'等途径，把教学水平提上来，让孩子们能撵上城里娃的教育。现在有了老师，有了好的环境和条件，学生们更不能被信息时代的高速列车甩下。"

"历经了学校的'新生'，我的'心声'千言万语只想化作一句：感谢时代，感恩伟大的中国共产党！我愿依然做一轮明月，紧跟时代步伐，继续照亮山村孩子走出大山的路。"

（2019 年 10 月 3 日）

张玉滚：为了孩子，留在村里

□　杨云倩

在河南省南阳市镇平县黑虎庙小学，有一位普通的"80后"小学教师张玉滚。从21岁到38岁，他在这座被深山包围着的学校坚守17年，先后教出了500多名学生。2018年9月7日，中共中央宣传部授予张玉滚"时代楷模"称号。

"上八里、下八里；羊肠道、悬崖多；还有一个尖顶山。"在黑虎庙村，流传着这样一句顺口溜。

从地图上看，黑虎庙村距县城只有70多公里。但从县城驱车至学校，却需要两个多小时的时间。从镇平县城出发，

张玉滚给学生当面批改作业。在黑虎庙小学这座被深山包围着的学校待了 17 年，尽管是"80后"，张玉滚已显得有些沧桑。"我是山里人，知道山里的苦。看着自己教的学生走出大山，我就觉得值。"张玉滚说。

先攀至海拔 1600 多米的山顶，再顺山路蜿蜒下到海拔 600 米的谷底。张玉滚就在这被层层大山包围的黑虎庙小学任教。

"留守"黑虎庙

一座两层旧教学楼，一栋两层的宿舍，三间平房，这就是黑虎庙小学。

黑虎庙村属于深度贫困村，经济基础差，生存条件艰苦，许多老师都不愿到这里任教，师资极其匮乏。

2001 年 8 月，马上要开学了，老校长吴龙奇还在为教师发愁，尽管已加上返聘教师，但还有两个班没有老师。还有谁能救急？吴龙奇想起了一个人——自己的学生张玉滚，7月份刚从南阳第二师范学校毕业。"这可是个正儿八经的师范生呢。"

张玉滚是当年全村人的骄傲，1998年他是全村历史上唯一一位考上中专的人，可谓是村里的秀才。在外上了3年学，张玉滚也想出去闯一闯，可耐不住老校长软磨硬泡，只好跟着他走进自己当年上学的教室，映入眼帘的依然是"破桌子，破水泥台子，里面坐着十来个'土孩子'"。

老校长吴龙奇跟他说："玉滚，咱们教学生认的每个字，他能用一辈子。你要不来，孩子们就得上山放羊去。"听到这句话，再看到孩子们清澈无邪、渴望知识的眼神，张玉滚想，那不正是自己小时候的模样吗？张玉滚鼻子一酸说："老师，啥也不说了，

"给学生一瓢水，老师要有一桶水。"这是张玉滚的口头禅。为了让学生们说上标准的英语，张玉滚买来录音机和磁带，自己先跟着一遍遍学。

我不走了。"就这样，21 岁的张玉滚成了一名每月拿 30 元补助，年底再分 100 斤粮食的代课教师。

山村里的"扁担精神"

2006 年以前，每学期开学前都要去镇上取教材。黑虎庙到高丘镇，要步行十几个小时，过去是老校长用扁担挑，后来张玉滚主动请缨，担此重任。在张玉滚住的宿舍里，至今还有一根两米长的扁担，磨得溜光发亮。

有一年冬天特别冷。山里潮气大，遇冷成冰，本就难走的八

张玉滚在课间与学生们做游戏。17 年里，张玉滚只有寒暑假和周末学生不在校时才会回家，剩下的时间都和妻子住在学校照顾学生。

放学后，张玉滚送路远的学生回家。山里的孩子，父母外出打工者居多，张玉滚把学生的情况摸得一清二楚，接送留守学生也是他日常工作的一部分。

里坡，更加湿滑难行。开学在即，学生们的书本还在镇上。

正月初十凌晨，张玉滚和另一名老师路喜安扛着扁担就出发了。他们身揣几个凉馍，一步一滑，中午才赶到镇上。向路边人家讨了碗热水吃下凉馍，他们又赶紧挑着几十公斤重的教材、作业本往回走。

一路紧赶慢赶，晚上10点多，他俩实在走不动了，就找了个山洞，用油毡把书本包起来，小心翼翼地放好，背靠背取暖坐了大半夜。第二天天刚蒙蒙亮接着往回走，到了学校，俩人几乎成了"泥人"，书本却被裹得严严实实，打开来干干净净，连一点褶皱都没有。

大山外面的世界虽然很大很精彩，然而，张玉滚还是为了学生们留在了山里。受张玉滚的影响和感召，今年秋季，4 名教师决定进山教书。"只要孩子在，学校就在"——这是张玉滚和教师们一致的信念。

2006 年，通往黑虎庙的公路修好了，山里人的出行方式终于有了改变。张玉滚省吃俭用置办了一辆摩托车。此后，他去镇上给学校买米买菜拉教材，再也不用肩挑背扛了。十几年来，张玉滚骑坏了 4 辆摩托车，换轮胎的次数更是数不清。近两年条件改善了一些，张玉滚又花了几千元钱买了辆面包车服务学校和孩子们。

"全能教师"

黑虎庙村下辖的 13 个自然村，零星分布在带状山坳里，黑虎庙小学的生源来自半径达 20 多公里的范围，住得远的学生到校要步行 3 小时。现在全校 49 名学生，30 人在校住宿，张玉滚也是学生们的生活老师，还要负责他们的饮食起居。而不住校的学生在哪儿住、家里是什么情况、谁的爷爷奶奶年纪大了需要格外操心……张玉滚也一清二楚。

由于学校条件艰苦，师资力量不足，张玉滚也就自然成了全能教师。语文、数学、英语、品德、科学样样精通，连音乐、体育、美术等副课他也得带。"不耽误一节课，千方百计上好每一节课"，是张玉滚给自己定下的"铁律"。4 年前，张玉滚接任黑虎庙小学校长的职务，又肩负起学校教研课改的总体工作。

数学课，张玉滚用直观教学法，和孩子们一起制作钟表表盘、正方体、长方体等教具；科学课，他带领孩子们去野外考察，现场辨别岩石的分类、花蕊的雌雄等自然常识，还自己动手做实验，激发他们热爱大自然、探究大自然的兴趣；美术课，他带领学生们外出写生，画山、画树、画动物；学校缺少体育设施，大课间时，他就和孩子们围成一圈玩抵羊、斗鸡，体育课就常领孩子们去爬山……

"给学生一瓢水，老师要有一桶水。"这是张玉滚的口头禅。多年来，他既教又学。"山里本来就闭塞，老师不多学点，咋教好娃们？"在英语课上，他注重互动，鼓励学生大胆开口。

为训练孩子们发音标准，张玉滚买来录音机和磁带，自己先跟着一遍遍学。课堂上，他边播边教，有时一个发音能让孩子们反复练上十几遍。张玉滚说："发音要练好，可不能让孩子们将来出去了说一口黑虎庙英语，让人笑话！"

在山村，以前经常有孩子辍学。17 年间，张玉滚总会想方设法进行劝说，资助了 300 多名学生，做到不让一个孩子在他眼皮底下辍学。

在张玉滚和其他老师的共同努力下，黑虎庙小学顽强地"生存"着。一年又一年，孩子们从这里走出大山。在张玉滚任教前，黑虎庙村只有 1 名大学生，到现在已有 21 名大学生和 1 名研究生。张玉滚以学生们为骄傲，也以现在正在学校读书的孩子们走出大山作为他前进的动力。近些年，在上级教育部门和社会各界的关心下，学校教学条件在不断改善：新建了宿舍楼，盖起了食堂，校园里还搭起了乒乓球台。

"守望希望之花"

2001 年，张玉滚返乡教学，解决了学校的燃眉之急。但由于没有教师编制，张玉滚只能算代课老师，每月仅 30 元补助，到 2006 年才涨到 80 元。但就是这样，17 年来，学校的老师换了一茬又一茬，只有张玉滚没有离开。

2009 年，学校有 3 位教师面临退休，马上春季开学，不能看着孩子们没老师啊！张玉滚着急了，他把"主意"打到了侄子张磊身上。

张磊 2007 年大学毕业后，在深圳一家企业做工程师。"当时，我叔几乎天天给我打电话，让我回家教书。"一开始，张磊没答应。但是"小时候我叔背我上学的情景，咋也忘不掉。"经过一番深思熟虑，张磊决定带着女友余超凤回老家看看。"教室破破烂烂，窗户两面透风，孩子们冻得直哭。有个孩子连鞋都没有，脚肿得像胡萝卜。"余超凤心软了。小情侣商量后决定，余超凤在黑虎庙小学教书，张磊到县里学手艺，挣钱养家。

后来，张磊与余超凤结婚，也成为黑虎庙小学的老师。

2003 年，学校建好食堂，可工资太少，招不来人。张玉滚便鼓动在外务工的妻子张会云，到学校给学生们做饭。2014 年，张会云在轧面条时发生了意外，右手落下了残疾，这让张玉滚十分内疚。17 年里，张玉滚只有寒暑假和周末学生不在校时才会回家，剩下的时间都和妻子住在学校照顾学生。

受张玉滚精神的感染，2018 年秋季，4 位年轻教师主动申请到学校任教，这让张玉滚喜出望外，更看到了希望。

"我更愿意做一轮明月，守望这片希望之花，照亮山村孩子走出大山的路。"这就是张玉滚。

（2018 年 11 月 9 日）

用扁担挑起山里娃的未来

□　张利军

"三尺讲台，给了我诠释为人师表的小舞台，也给了我传授知识和施展才能的机会。学生们让我懂得了做一名教师的伟大，也让我的人生丰富多彩。"

——张玉滚

今年教师节前夕，河南省镇平县高丘镇黑虎庙小学教师张玉滚格外繁忙，2018"河南最美教师""全国教书育人楷模""时代楷模"……各种颁奖活动一个接着一个。然而，这些荣誉并没有让站在记者眼前的张玉滚与往日有什么不同。

这位"80后"教师显得有些沧桑，风华正茂的年纪鬓角却早已斑白。但每当提到学生、提到学校，他的眼中总是充满了光亮。

八百里伏牛山，锦峦叠嶂，美如画屏。成片的连翘扎根岩土，拥抱峰峦，迎着太阳默默生长。历经酷暑严寒，连翘始终坚守脚下的土地，张玉滚就如同这平凡而又坚韧、朴实而又厚重的植物。为了一句庄严的承诺，他十几年如一日地坚守大山深处，只为干好一件事：改变山里娃的命运，托起大山的希望。

接下老扁担，便接下了山区教育人的传承

黑虎庙村位于镇平县北部深山区，山路盘旋蜿蜒，记者从镇平县城赶到张玉滚所在的黑虎庙小学，足足走了两个多小时车程。

一座破旧的两层教学楼、一栋两层的宿舍楼、3间平房，是黑虎庙小学的全部家当。

虽然条件简陋，但对张玉滚来说，这已比十几年前好得多。2001年8月，刚毕业的张玉滚，跟着老校长吴龙奇来到学校，走进教室，映入眼帘的是"破桌子、破水泥台子，里面坐着十来个'土孩子'"。而当时最困难的是，没有老师教这些"土孩子"。

"玉滚，咱们教学生认的每个字，他们能用一辈子。你要不来，孩子们就得上山放羊去。"看着孩子们渴望知识的眼睛，听着老校长的这番话，张玉滚鼻子一酸。从那以后，21岁的张玉滚

成了一名每月拿 30 元钱补助的民办教师。

过去山里交通困难，学生的课本都是老师用扁担挑进来的。接过老校长留下的老扁担，张玉滚和老师们为孩子们挑来学习生活用品，也挑起了孩子们的希望。

张玉滚还记得，有一年冬天特别冷，山里潮气大，湿滑难行。眼看就要开学了，学生们的书本还在高丘镇上。正月初十凌晨 3 点多，张玉滚和另一名老师路喜安就扛上扁担出发了。回来路上天黑看不清路，偏偏又下起了雨，他俩挑着几十公斤重的教材、作业本实在走不动了，就找了个山洞，把书本用油毡包起来，小心翼翼放好。第二天一早再往回走，等到了学校，两人几乎成了"泥人"。书本却被裹得严严实实，打开来看，连一点褶皱都没有。

2006 年，黑虎庙通往外面的公路修好了，山里人的出行方式终于有了改变。张玉滚省吃俭用置办了一辆摩托车。此后，他去镇上给学校买米买菜拉教材，再也不用肩挑背扛了。然而，一代代山区教师艰苦奋斗、无私奉献的"扁担精神"，却薪火相传得以传承下来。

外面的世界很精彩，他却始终难以挪开脚步

工作最初几年，身边不少同事都因为待遇低、条件差，陆续离开了学校，张玉滚的父母也多次劝他找个更好的出路。

"外面的老师进不来，咱自己培养的中师生再走出去，都走了，山里的孩子怎么办？"正犹豫不决的时候，老校长诚恳的话语感动了张玉滚，他说服了父母。他不仅自己留了下来，还把在外打工的妻子动员过来，作为学校炊事员和他一起留在了山里。

2013 年 10 月的一天，天还没亮，张玉滚骑摩托车到镇中心校开会。当时山上起了大雾，在一个急转弯处，摩托车刹车失灵，撞上一块大石头，张玉滚摔晕过去，差点掉下悬崖。在医院住了没几天，他就急着回学校，在妻子的搀扶下站上了讲台。

"上课！"望着讲台上头裹纱布的张老师，憨厚朴实的山里娃喊出"老师好"后，禁不住哭成一片……

受张玉滚的影响和感召，黑虎庙小学 4 名退休教师决定返回山里继续教书，张玉滚曾经的学生张磊在外上学毕业后也回到黑虎庙小学任教。

黑虎庙小学一共有 75 名学生，其中 1/3 是留守儿童，跟着爷爷奶奶生活；还有些孩子生活在单亲家庭。谁家爷爷奶奶年纪大了，需要格外操心；孩子们都在哪儿住，谁上学需要接送……张玉滚都一一记在心上。

黑虎庙村党支部书记韩新焕动情地说："张玉滚虽然收入微薄，但他 17 年来资助过的学生就有 300 多名。有他在，黑虎庙村没有一个孩子失学。"

大山外面的世界很大很精彩，但张玉滚却始终难以挪开他的脚步。

为了心中的信念，他把自己磨炼成"万金油"

2012 年 7 月，张玉滚由一名代课教师转为正式在编教师，坚守在大山深处的信念也更坚定了。

由于学校条件艰苦，师资条件不足，张玉滚不得不把自己磨炼成"万金油"式教师，承担起各个学科的教学。

数学课上，他运用直观教学法，和学生们一起制作钟表表盘、正方体等教具；语文教学中，他认真钻研课标，优化教学环节，力争把每节课的讲授时间控制在 15 分钟内；美术课上，他带领学生们到校外写生，画山、画水、画动物；科学课上，他带领学生们去野外考察，自己动手做实验，激发他们热爱大自然、探究大自然的兴趣……

2014 年 8 月，老校长吴龙奇退休后，张玉滚接任过校长职务，当好"掌舵人"的同时，他又肩负起学校教研课改的总体工作。

"三尺讲台，给了我诠释为人师表的小舞台，也给了我传授知识和施展才能的机会。学生们让我懂得了做一名教师的伟大，也让我的人生更加丰富多彩。"张玉滚说。

让张玉滚和老师们欣慰的是，这些年，在上级教育部门和社会各界关心下，学校的办学条件也在不断改善，新建了宿舍楼，盖起了食堂，校园里还搭起了乒乓球台。

今年春天，镇平县教体局给黑虎庙小学拨付配套资金 50 多万元，用于改善教学条件。随手推开一间教室的门，新装上的推拉式黑板左右打开，露出一块黑亮的液晶显示屏。"看，我们上课也用上一体机了！通过远程教学，我们的学生还能跟城里孩子一同上课呢。"张玉滚一脸自豪。

采访结束了，站在蜿蜒的山路上，望着张玉滚朴实的身影，记者不禁想起了当地人以他的事迹写成的歌——"你把十八弯的山路走成了'通天的大道'，你闪光的汗水浇出山花更艳更俏……"

（2018 年 10 月 25 日）

张玉滚的"精神颜值"

□　王占伟

　　张玉滚的颜值并不高，可以说是一位看似"60后"的"80后"。但他的"精神颜值"却远高于常人。

　　采访完张玉滚，其朴实而憨厚的笑容在记者脑海中挥之不去，这可以说是张玉滚最具特色的"生命名片"。

　　在这个世界上，所有的好都可以归结为一点——让生命有光。张玉滚不仅让自己的生命有光，而且让大山深处的幼小生命有光；不仅让学校周边的村民生命有光，而且让更多的教师生命有光。

作为一名共产党员，张玉滚有着清晰而明确的人生定位——做一轮明月照亮山村孩子走出大山的路！这就是张玉滚的初心和使命。更难能可贵的是，他将这种初心与使命贯穿于自己生活的全过程，将自己所有的生命资源聚焦于此。

基于自己的初心和使命无条件地付出，是张玉滚成功的关键，也是他的人生智慧。也许在有的人看来，张玉滚很傻，做代课教师付出那么多、收入那么低，为什么不外出打工呢？他不仅自己放弃外出打工的机会，而且说服在外打工的妻子回到学校义务为学生做饭。为使命极致付出，不问收获却有最大的收获。这是张玉滚的人生价值计算逻辑，也是给我们的最大启示。

智者求心不求法，常人求法不求心。正是张玉滚让更多孩子走出大山的初心足够单纯且强烈，他才能创造性地生成灵活多样的教学方法，极大地激发学生的学习兴趣；他才能自然地将自己培养成为"全能型"教师，不仅能教各门学科，而且能给学生无私的关爱。

张玉滚的价值不仅在于让更多的山乡孩子走出了大山，更在于其"精神颜值"之于新时代的引领。正如"感动中国"组委会授予他的颁奖词：扁担窄窄挑起山乡的未来，板凳宽宽稳住孩子们的心。前一秒劈柴生火，下一秒执鞭上课，艰难斑驳了岁月风霜，刻深了皱纹。有人看到你的沧桑，更多人看到你年轻的心。

（2021 年 6 月 30 日）

他的一根扁担感天动地：
一头挑着教育信念，一头挑着山乡希望

□ 王占伟

一根扁担感天动地：一头挑着教育信念，一头挑着山乡希望；一个名字感动中国：扎根山区 20 年，付出所有，不问收获。河南省镇平县黑虎庙小学校长张玉滚，——新时代教育战线上一个中国共产党党员的生命样本，将谱写出怎样的精神乐章？

张玉滚河南省镇平县高丘镇黑虎庙小学校长，"时代楷模"称号获得者，先后获得"全国岗位学雷锋标兵""全国教书育人楷模""全国五一劳动奖章""中

国青年五四奖章""全国敬业奉献模范""最美奋斗者""全国先进工作者"等荣誉称号，并作为"凝心聚魂"方阵24号彩车上代表性人物参加2019年国庆70周年群众游行。2021年被教育部聘为全国中小学幼儿园师德师风专家委员会委员。

盛夏将至，伏牛山腹地依然舒爽。

"新时代楷模，黑虎庙张玉滚，前方27公里"……汽车旋行于山道上，不时能看到路边醒目的指示牌。

从县城出发，历经两个多小时，记者终于来到了张玉滚所在的黑虎庙小学。

黑虎庙小学隶属河南省镇平县高丘镇，地处伏牛山深处，位于三县交界处，距离县城70多公里。以前，黑虎庙人外出办事，必须沿着山脊上牛羊踩出的小道，翻山越岭才能走出大山。那时从黑虎庙到高丘镇，来回通常需要10多个小时。

黑虎庙村 1300 多人，下辖 13 个自然村，零星分布在方圆近 20 公里的带状山坳里。学校虽说在村里的中间位置，但住得远的学生步行要 3 个小时才能到。

20 年前的黑虎庙小学，全部家当就是 13 间土坯房；如今的黑虎庙小学已经是美丽的寄宿制学校。黑虎庙小学的蝶变离不开张玉滚——一位共产党员对山乡教育的无私奉献。

有一种收获叫极致付出

2001 年从第二师范学校毕业后，张玉滚选择了一条大多数人都不愿意选择的道路，回到家乡做了一名代课教师。"玉滚回来了，咱们娃有希望了。"背负乡亲的期望，21 岁的张玉滚成了一名每月拿 30 元钱补助、年底再分 100 斤粮食的民办教师。

彼时，13间土坯房就是黑虎庙小学的全部家当。

从此，接过老校长手中的扁担，踩着老校长的脚窝窝，张玉滚往返于高丘镇与学校之间的崎岖山路，挑书本教材、学具教具，挑油盐酱醋、蔬菜大米，肩不离担、担不离肩，风里来雨里去，冬天一身雪，夏天一身汗。无数次起早摸黑，披星戴月，来回10多个小时的奔波对张玉滚来说是家常便饭。

多年来，黑虎庙小学的教师换了一茬又一茬，张玉滚却一直在。

2005年的冬天特别冷。山里潮气大，遇冷成冰，本来就难走的八里坡更加湿滑难行。眼看就要开学了，孩子们的书本还在高丘镇上。正月初十凌晨3点多，张玉滚和同事路喜安就扛上扁担出发了。揣几个凉馍，一步一滑地直到中午才赶到镇上。向路边人家讨碗热水吃了凉馍，两人又赶紧挑着几十公斤重的教材、作业本往回走。一路紧赶慢赶，晚上10点多才走到尖顶山下。汗水在眉间结成了冰碴儿，肩膀早已磨肿，脚上水泡连水泡。天黑看不清路，偏偏又下起了雨，两人实在走不动了，就找了个山洞，把书本用油毡包起来，小心翼翼放好，背靠背取暖，在山洞里坐了大半夜。第二天一早就往回走，等到了学校，他俩几乎成了"泥人"……

第二年通往黑虎庙的公路修好了，张玉滚省吃俭用置办了一辆摩托车。为学生买米、买菜、拉教材，再也不用肩挑背扛了。每年的书本、作业本都是张玉滚用摩托车带回来的，少则几十斤，多则百余斤。这么多年，他先后骑坏了4辆摩托车，轮胎更

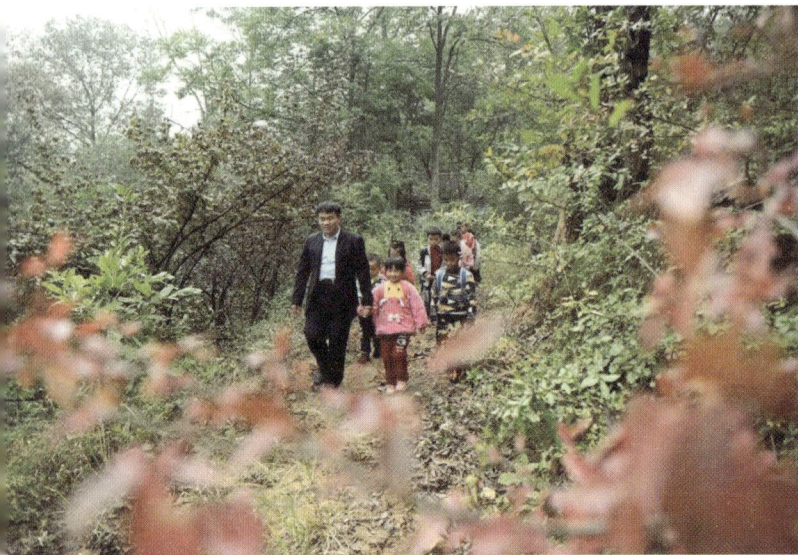

换次数更是数也数不清。

2006 年秋刚开学，临时转来的十几个学生缺课本，因为开学初太忙，张玉滚就让妻子抱着 9 个月大的女儿到镇上买书。返回时，妻子乘坐的三轮车发生了意外。"快救人！"听到呼救声，张玉滚随着乡亲向事发地点跑去，只见山路拐弯处几个人满脸是血，坐在路边哭喊着、呻吟着。三轮车司机抱着一个小女孩哭着说："玉滚，娃已经不行了。"听到这里，张玉滚浑身发抖，瘫坐在地上，一句话也说不出来"……虽然已经过去十几年了，但女儿那双明亮的眼睛、胖乎乎的脸庞总是浮现在张玉滚眼前……

即使爱女离去，也没能动摇张玉滚扎根山村做教育的信念。直到工作的第 12 个年头，张玉滚才通过招教考试成为一名正式在编教师。

山村小学何以成为精神高地

条件艰苦，交通不便，师资不足，只有 6 名教师，且 4 人面临退休。这样的现实让张玉滚不得不把自己打造成"全能型"教师：语文、数学、英语、品德、科学，门门都得"精通"。张玉滚还练就一身过硬的好本领：掂起勺子能做饭，拿起针线能缝纫，课桌椅坏了能修理，校舍破了能修补……

数学课上，张玉滚与学生一起制作钟表表盘、正方体、长方体等教具；语文教学中，他认真钻研课标、设计教学环节，运用简洁准确的语言力争把授课时间控制在 15 分钟内，把更多时间留给学生思考和练习；体育课上，他把乡土游戏融入课堂，教学生推铁环、丢手绢；音乐课上，他让学生跟着录音机学唱歌；美术课上，他领着学生到校外写生，画山、画水、画树木，极大地激发了学生的学习兴趣。

"不耽误一节课，千方百计上好每一节课"，这是张玉滚给自己定下的铁的纪律。20 年来，张玉滚没有耽误一节课。他有一儿一女，因为没时间照顾，孩子小学毕业后全部送到县城寄宿学校，两周接一次。

2002 年学校布局调整，黑虎庙、菊花场两所小学合并为一所完全小学。为了让 50 多名寄宿生吃好饭，学校决定建一个集体食堂，但因经费不足，没钱请厨师。看到这种状况，张玉滚主动找学校领导承担这项重任。当时，张玉滚的妻子张会云在外地打工，月收入 2000 多元，比张玉滚高得多。但张会云架不住丈夫的甜言蜜语、软磨硬泡，同意到学校给学生做饭。然而，张会云在一次用机器轧面时出了意外，右手4个手指被机器轧伤，鲜血淋漓，当时张玉滚就在旁边帮厨，却没能来得及让妻子免于受伤。等赶到县医院，已错过最佳治疗时机，妻子的手落下了残疾⋯⋯

虽然做教师收入微薄，张玉滚却资助过300多名学生。那些年，靠种植香菇、山茱萸、杜仲，家里的资金有些节余。这基本是张玉滚资助学生的经济来源。

黑虎庙小学旁边住着一位70多岁的王奶奶，儿子在福建打工，儿媳离婚另嫁，留下3岁的孙女。张玉滚常常利用课余时间帮助老人拾柴提水、买粮买菜，组织高年级学生轮流到老人家收拾卫生、照看孩子。有一年闹干旱，自来水干枯，王奶奶无力挑水。张玉滚就主动为老人挑水，一干就是3个月，王奶奶感动得

热泪盈眶。受张玉滚影响，越来越多的学生加入帮助王奶奶的队伍。自此，"玉滚是个大孝子，是老年人的'官'儿子（当地方言，意为公共的儿子）"在十里八乡传播开来。

黑虎庙小学现有两个展览馆，一个是雷锋精神展览馆，一个是张玉滚故事馆。走进张玉滚故事馆，首先映入眼帘的是这样一段文字："六尺扁担，一头担着信念，一头担着希望，担起弯弯的山路，担起沉睡的大山，担着自己的人生，也担起无数人的未来。一个时代的楷模，正从这里站起；一种精神的乐章，正从这里奏响……"

如今的黑虎庙小学不仅仅是一所学校，还是新时代的精神高地，前来学习考察或研学者络绎不绝。

团队是一种精神共振

黑虎庙小学现有教师 13 人，这是一个拥有较高"精神颜值"的教师团队。

其中，教师张磊是张玉滚的侄子，是"被三爹感召来的"。2007 年大学毕业后，张磊赴深圳创业，在一家公司做管理工作，并与来自广西贵港的姑娘余超凤相识相恋。2008 年春节，张磊带余超凤回老家过年。张玉滚借机领他们"到学校看看"，并鼓励他们回乡做教师。

"当时代课教师月工资 200 多元，与我们在深圳打工的月收入相差十几倍。"余超凤快人快语，"那时校园满是泥泞，还经常停电、停水。我简直不敢想象怎么生活。"

一次不行两次，在张玉滚的真诚感召下，张磊、余超凤决定留下来试一试。春节过后，张磊到镇平县玉器市场创业，余超凤在学校尝试代课。

"这里的孩子朴实、善良，他们给我的感动让我不忍心走出大山。"令余超凤没想到的是，这次尝试完全改变了她和张磊的人生轨迹。余超凤、张磊结婚后不久，张磊也回到学校成了一名教师。

教师马杏是军属，丈夫是一名士官，在大连服役。马杏原本在高丘镇中心小学工作，那里生活、交通更便利。张玉滚的事迹深深感染着马杏，"每每忍不住落泪"。去年，马杏主动申请到黑虎庙小学工作，"想为乡村教育做点力所能及的事"。

前不久，马杏母亲因脑梗住院。"如果请假，领导肯定会批准，但我放心不下学生。"马杏索性请堂姐照顾住院的母亲。

与马杏相似，赵刚原本是镇平县城附近一所小学的校长，因为感动于张玉滚的精神，主动报名参与教育局考核选拔，来到黑虎庙小学协助张玉滚工作。

去年，黑虎庙小学又迎来了刘欢、黄健菲、张仁杰3位年轻的特岗教师。因为家乡远在几百公里外，他们只有放假才回家，其他时间都在学校。所以，许多学生常常周末来学校找他们玩。

在黑虎庙小学，相当一部分学生要么是家庭不健全，要么是留守儿童，他们缺乏关爱、内心脆弱。几年前，学生小梦的父亲过世，不久母亲失踪，她和两个弟弟相依为命。一次，小梦因叔叔给自己的零花钱少而大发脾气。黄健菲看在眼里疼在心里，她并没有批评小梦，而是在她腿摔伤时、心情低落时表达关心。在黄健菲、刘欢等教师的关爱下，小梦发生了显著改变，不仅懂得感恩叔叔，而且经常帮助家里干农活。

张玉滚任教前，黑虎庙村只走出一名大学生。在教师团队的协同努力下，目前已有 25 名大学生、1 名研究生走向了更高的人生舞台。

如今，在张玉滚的带领下，这个教师团队正在憧憬并谋划着以山村教育振兴拉动山村振兴的新行动。

张玉滚心语

• 我是一个山里娃，山里娃内心都有一股韧劲儿，交代啥事儿我都能不折不扣地完成。就像我们山里的耕牛，让转 100 圈，它绝不偷奸耍滑少转半圈。

• 人活在这个世上，就是牵挂与被牵挂着，理解与被理解着，爱与被爱着。我觉得这就是人生的意义。

• 爱是最长久的润泽，我爱教育、爱学校、爱孩子。这种爱未必荡气回肠，却是贴心贴肺的疼惜。

• 这个世界上，没有哪个职业像教师这样，一头托举着家庭的嘱托，一头承载着民族的期望；没有哪个职业像教师这样，一头牵挂着"小家"的今天，一头连接着国家的未来；没有哪个职业像教师这样，在一代代人的成长中，担当起人类灵魂工程师的天职和重任……

• 我认为，做一名合格的教师情在坚守，所以我要做一个挑山工：矢志不移；做一名合格的教师重在锤炼，所以我要做一名躬耕者：执着坚守；做一名合格的教师德在奉献，所以我要做一方守望人：快乐前行；做一名合格的教师爱在延绵，所以我要做一位筑梦匠：薪火相传。

• 我愿意把三尺讲台当作我的人生支点，把一块黑板当作我的人生归宿，就像我的名字"玉滚"，我要"滚石成玉，百炼成钢"，以实际行动书写新时代的雷锋故事，用自己的双手与同人一道"立德树人，同心共筑中国梦"，托起祖国明天的太阳！

• "做老师就要执着于教书育人，有热爱教育的定力、淡泊名利的坚守。"习近平总书记的叮嘱言犹在耳，身为一名人民教师，我愿意让我的人生，在巍巍青山上执着坚守，我愿意让我的青春，在三尺讲台上绚烂绽放。用我的生命之火照亮山村教育的未来！

张玉滚："铆"在深山 18 载

□ 杜沂蒙

在河南省南阳市镇平县、内乡县、南召县三县交界处，群山环抱着十里八乡孩子们的希望——镇平县高丘镇黑虎庙小学。

18 年前，学校的全部家当只有十几间土坯房，以及数十年未曾更新的破旧课桌椅。

2001 年，曾经从这所小学走出去的张玉滚，刚从师范类中等专科学校毕业。他打算在家里短暂休整，就去城里谋个职位，"好不容易走出大山去外面上学了，还是想在大城市找份工作"。

见过山外面世界的张玉滚，职业规划中并没有将回到大山里教书考虑进去，他觉得，在外面找份工作，怎么着也比守着这重重大山要好得多。不承想，后来的很多年，他的人生，偏偏被"困"在了大山里。

一开始，内心是拒绝的

刚走出校园的张玉滚，恰逢黑虎庙小学仅有的6名教师中4名面临退休，这里的地理位置偏远、交通不便，没有年轻教师愿意去。如果找不到新的教师，学校的孩子极有可能面临辍学的困境，当时的老校长想到了村里为数不多的"大学生"张玉滚。他多次登门劝说，希望张玉滚能够补上这个空缺，为学校教师队伍注入新鲜血液。

张玉滚没想过，也不打算去。面对老校长的初次邀请，张玉滚内心并没有动摇。

"玉滚，学校缺老师，来学校干吧，以后你会转正的。"

"玉滚，学师范专业，不去教学也浪费了你的专业。"

"玉滚，为了不让山区孩子失学，你还是来吧。"

在老校长的再三劝说下，张玉滚才勉强答应先到学校去"转一圈"。这一"转"，成为改变张玉滚命运的开始。

张玉滚至今还记得当时走进教室，孩子们稚嫩的脸庞、眼神中露出的好奇与期待，一下戳中了他的内心，"想着那就先干一段时间再说"。

一开始，张玉滚是个没有编制的民办教师，每月只能拿到 30 元补助，年底再分 100 斤粮食。平日里，除了让自己成为一个全科教师，给不同年级的孩子们上课，数学课要用的三角尺、简单的立方体模型，甚至上体育课用的一些跳高架、破破烂烂摇摆不稳的课桌椅，都是他和学校其他教师找来材料，利用课余时间琢磨着修补制作。

很长一段时间，张玉滚微薄的收入连自己都养活不了，时不时还要"啃老"，父母靠在山上种植杜仲等中药材来贴补家用。但即使这样，父母依然很支持他的这份工作，"他们也想着既然选择这个职业，就不是为了挣钱多少，而是要把这个事情干好。"

这样的"尝试"，张玉滚一干就是 11 年。

不止一次想过离开

黑虎庙小学所在的村，是当地的深度贫困村，距县城 70 多公里，位于大山深处，四周环山。村庄零星分布在方圆十几公里的带状山坳里。学校虽位于中间位置，但住得远的学生上学仍要步行 3 个小时才能到达。

2001 年至 2006 年，学校到山外不通车，要想走出大山，得沿着山脊上牛羊踩出的小道，翻越尖顶山，再穿过险峻难行的八里坡，走到最近的镇，来回一趟需要 10 个多小时。

黑虎庙小学学生的学习教材、生活用品，样样都得从镇上用扁担挑回来。到学校当教师的前 5 年，张玉滚接过了老一辈教师的"挑书扁担"。"很多次是我一个人，有时候也和其他老师一起。"冬天一身雪，夏天一身汗。整整5年，他靠着一根扁担，为孩子们挑来学习生活用品，也挑来了大山外面的世界。

山路崎岖陡峭，挑一回书，基本上是两头不见太阳。每次去的时候天不亮，返程路上天已经黑了。山里人烟稀少，张玉滚忘不了那种寂寞和害怕。"早些年间，遇到过野猪，蛇更是常见的。"

到镇上去挑书，需要翻越一座大山——八里坡，上山八里、下山八里，山里经常有野猪出没。打小在山里长大的张玉滚常听老人们说过野猪的故事，自己也亲眼见过，每次走在山间，他总是胆战心惊。

有一次，张玉滚看到野猪从山上下来，悄悄地过河了，他就躲在一旁，等它过去好久了，才敢继续赶路。"走了好长一段路，感觉到心里轻松了许多，野猪毛都是发红的，很害怕。"他说。

这些年，学校曾经来过一批又一批年轻教师，但是基本都是待一两个学期就走了。山里条件差，路途也远，工资又低，他们都忍受不了这个环境。

很多次，张玉滚也想着不在这儿干了，到城市里去找一份工作。

"但是作为一名山区老师，这是义不容辞需要做的，很多地方可能都是这种情况。"张玉滚坦言，尽管在黑虎庙小学的前几年，他一直都没有放弃过要离开的想法，但只要在这里一天，就要尽好自己的职责。

2006年，通往黑虎庙的村村通修好了，八里坡的坡度依然未减，但对于像张玉滚一样生活在山里的人们来说，这已然是一条通天大道。

张玉滚省吃俭用置办了一辆自行车，这样一来，去镇上给学校买米、买菜、拉教材，再也不用肩挑背扛了。再后来，他又攒钱买来了摩托车。几代人用过的"扁担"终于被宣布"退休"了。几年下来，张玉滚骑坏了 4 辆自行车，摩托车更换轮胎的次数更是数不过来。

孩子上课是天大的事

像很多曾经到过黑虎庙小学又走了的教师一样，年轻时候的张玉滚也曾向往到大山外面工作。但是担任黑虎庙小学教师期间，张玉滚总是全身心地投入到孩子们身上，在他心中，孩子们上课是天大的事，无论如何都耽误不得。

2006 年，学校要盖新校舍，运材料格外难。正赶上农忙季，建筑队的民工都回家抢收抢种去了，搬砖运料就落在他身上。他驾驶一辆摩托车，镇上学校两头跑。上山撬石头，下河挖砂土，运水泥、搬砖头、平地基，起早贪黑，没日没夜劳作，等到新校舍盖好时，他人瘦了一大圈儿。

像这样，张玉滚为学校、为孩子们操心的事儿数不胜数。

2010 年 7 月 23 日凌晨，一场暴雨倾盆而下。暑假在学校值班的张玉滚连忙起床，披上雨衣就往外跑。等他赶到班里的留守儿童张明明家时，让他担心的事情还是发生了：张明明和爷爷蜷缩在床上，年久失修的房子已经坍塌了一大半。

眼看着雨水就要淹没床头，他连忙先抱起明明，又赶紧把腿脚不便的爷爷背在肩上，好不容易把爷孙俩转移到安全地带时，张玉滚才感觉自己脚底板有点痛，抬脚一看，右脚板不知什么时候被洪水中夹杂的玻璃碴子扎得鲜血直流。

后来回忆起来，张玉滚像很多人一样，也不敢相信自己当时竟然同时扛起了两个人。

2012 年，张玉滚通过招教考试顺利成为一名正式在编教师。

为了让自己在学校的每一天对得起学生和家长们，张玉滚从各方面不断给自己"充电"。日常做饭、缝缝补补、修理课桌椅早已不在话下。学生们有个头疼脑热的，他总能第一时间发现，他办公室的药箱里常备着感冒发烧药；有的孩子一时交不上餐费，他就悄悄掏腰包垫上。

18 年来，每逢雨雪天，他都亲自负责接送学生，从来没有让一个学生发生过安全事故。学生因贫困而面临失学时，他主动拿出工资垫付学生学费，用自己微薄的收入资助了 300 余名儿童，没有让一个学生因家穷而辍学。

2013 年 10 月，他骑摩托车到镇上，在一个急转弯处因摩托车刹车失灵，撞上一块大石头，他摔晕过去，差点掉下悬崖。幸好被过路的村民发现，送去医院住了没几天，他就急着回学校，在妻子的搀扶下站上讲台。望着讲台上头裹纱布的张老师，憨厚朴实的山里娃喊出"老师好"后，禁不住哭成一片。

拉着妻子一起干

黑虎庙小学是一所寄宿制学校，多数学生平时都住在学校，老师们既要教他们知识，还要照顾孩子们的生活。

早些年间，黑虎庙小学没有食堂，孩子们都是从家里带米面馒头，自己生火做饭。每天烟熏火燎，年龄小的孩子经常吃到半生不熟的饭。

不忍心看孩子们受苦，张玉滚便想到了妻子张会云。"当时她在外打工，一个月一两千块钱，收入比我高得多。"张玉滚坦言，开始，妻子并不情愿放弃外面的工作，到学校帮厨。张玉滚就使出浑身解数，甜言蜜语加上软磨硬泡，甚至到最后，张玉滚放出"狠话"："不回来，这日子就甭过下去了。"在张玉滚的再三劝说下，妻子终于同意来学校给孩子们做饭。

孩子们的吃饭问题有了着落，可是回想起当初拉着妻子一起到学校后发生的事情，张玉滚内心其实是充满了歉疚的。

2006 年秋季，刚开学不久，学生的课本还缺十几套，张玉滚还要给学生上课，只好让妻子去镇上的新华书店买。由于家里没人照看孩子，张会云抱着 9 个月大的女儿搭乘邻村的农用三轮车去帮孩子们买书，不承想，途中发生意外，女儿永远离开了他们。

张玉滚记得，那天下午 6 点多，学生都已经放学，他左等右等不见妻子回来。正在焦急万分的时候，一位村民急匆匆地跑到学校大声喊："张校长，张校长，你媳妇儿出车祸了。"

等他飞奔到八里坡下边的拐弯处时，看到媳妇躺在路边满脸是血，大声哭喊着"我的闺女呀"。三轮车因刹车失灵蹿到路下边20多米远，司机正抱着一个小女孩不住地摇头，见到他悲痛地说："玉滚，娃子已经不行了。"

接过尚有余温的女儿，张玉滚浑身发抖，瘫坐在地上，半天一句话也说不出来。

这件事对张玉滚打击很大，每当回想起女儿那双明亮的眼睛、胖乎乎的脸庞，总是忍不住流下泪来。女儿走了，张玉滚却选择留下来，他希望女儿能够看到自己的爸爸会把这份工作做好。

后来，2014年5月的一天，张会云在轧面时出了意外，右手四个手指被机器轧折，鲜血淋漓，当时张玉滚就在旁边帮厨，却没能来得及让妻子免于受伤。等赶到县医院，已错过最佳治疗时机，妻子的手落下了残疾。

身体恢复后，张会云重新出现在学校。只不过，她炒菜、做饭都换成了左手；见到生人，也悄悄地把右手藏在身后。

每每回想起这些，张玉滚总觉得自己欠妻子、欠家人的太多。

时隔多年，回想陪着丈夫一路走来的坎坷，妻子张会云忍不住默默地抹眼泪。她不愿过多提及这些年受的委屈，也不抱怨，只选择把这些都埋藏在心底，依然每天忙碌在厨房，默默为孩子们做好后勤服务。

一代代接力奉献

这所位于大山深处的小学，在 2018 年以前，每学期开学，总要为找教师犯愁。为此，张玉滚像当初的老校长一样，没少下功夫。

2009 年暑假，几名老教师面临退休，张玉滚体会到了当初老校长的困境。

几番思索，张玉滚决定动员他的侄子张磊回学校。张磊大学毕业后和女朋友在深圳一家企业工作，第一次接到叔叔张玉滚的电话，张磊毫不犹豫地拒绝了，"不想回来"。

当时张磊已是公司里的小主管，一个月工资 3000 多元，这份工作让张磊成为家庭的主要支柱。这些，张玉滚不是不知道，但是想到学校里的孩子们，他还是一次又一次拨通了张磊的电话，"还是回来看看吧，愿不愿意留下也不勉强"。张玉滚实在不忍心看到孩子们因为没有老师而辍学，他把对孩子们的疼爱，都化作对侄子张磊的劝说。

其实，在和张玉滚的几次通话之后，张磊内心也开始矛盾起来。自己也是个贫苦家里长大的孩子，在黑虎庙小学上学时，叔叔背着他上下学的场景让他难以忘怀，如今，孩子们需要他，他怎能不管不顾。

于是，张磊说服当时还是女朋友的余超凤从深圳来到了大山深处的黑虎庙小学。本来打算只是过来玩玩的余超凤没想到，到学校的第一天就被眼前的场景震撼到了。"满脸面粉蒸馒头的张玉滚老师、教室里摇摇晃晃的课桌椅、没鞋子穿的孩子……"余超凤回忆，一下课，她就被跑过来的孩子们围了起来。

就像当初拨动张玉滚的心弦那样，孩子们用最纯真的期待，留下了从深圳来的广西女孩余超凤。

考虑再三，两人决定留下来。但是学校当时只能给他们每个月 200 元的代课费，不够家里正常开支。于是，两个人商量让张磊到旁边镇上学习做玉雕，余超凤留在学校代课。

之后的几年，学校老教师基本上都退休了，2014 年，张玉滚成为黑虎庙小学的新任校长，其间，他依然没有放弃劝说侄子回到黑虎庙小学教书。这一年，张磊终于下定决心，也成为一名山村教师。

"那会儿超凤已经是我的妻子了，这些年，她一个女生能坚持下来很不容易，而且我也实在不愿意看到这个学校办不下去。"张磊坦言，其实从一开始，就是余超凤先决定留下来的，她在这里的努力付出，不仅让张玉滚欣慰，也打动了张磊和他的家人。

如今已经快到古稀之年的陈金亮在黑虎庙小学教了一辈子书，前两年退休后又被学校返聘回来，继续发光发热，为山里的孩子点亮前行之路。

提到张玉滚，他不由得竖起大拇指。他还专门翻出手机中前不久自己为张玉滚写的一首诗："黑虎校长张玉滚，各种荣誉集一身。洗衣做饭是能手，讲课辅导多认真。同事胜似亲兄弟，困难老人常关心。十年艰辛终有果，一朝成名天下闻。"

"张老师人没得说。"村民白金华的两个孩子都在黑虎庙小学上学。他记得，2016 年父亲摔倒时，是张玉滚用车帮忙给送到了镇上的医院。他还记得，去年暑假，张玉滚专门往他家里跑了六七回，给孩子们补课。提起张玉滚，朴实的他没有太多赞美词语，但是满眼都是肯定的目光，张玉滚对他家和两个孩子的关心，他都记得。

不光要有学上，还要上好学

近年来，国家高度重视义务教育均衡发展，随着"全面改薄"计划、"营养餐"计划、农村寄宿制学校和教师周转房建设、乡村教师补助等项目的深入实施，乡村教育发生了翻天覆地的变化。

黑虎庙小学也今非昔比：教学楼更加宽敞明亮，标准化操场焕然一新，教师周转房即将建成，梦想教室、微机室、一体机等教学设施更加完备，孩子们足不出山就能享受到优质的教学资源。

说到这些翻天覆地的变化，张玉滚因为常年操劳布满皱纹、皮肤黝黑的脸上露出欣慰的笑容。

在这里耕耘十八载的张玉滚，也收获了他应有的荣誉。他先后荣获"全国师德标兵""全国优秀教师""全国中小学优秀德育课教师""感动中国 2018 年度人物"等荣誉称号。2018 年，张玉滚被中宣部命名为"全国岗位学雷锋标兵"。

张玉滚的事迹被广泛宣传以后，一些有志教育事业的年轻人找过来，他们也期待像张玉滚一样，为山村教育贡献自己的一份力量。

"90后"周欣就是其中一个。她被张玉滚的事迹感动，在黑虎庙小学和孩子们相处了一周后，决定考过来任教。

虽然去年刚到黑虎庙小学，谈起张玉滚对学生的关心和照顾，周欣如数家珍。"有一次一个小孩吃饭时无意之间碰倒了饭碗，张老师就赶紧跑过去帮小孩处理，吃他撒掉的饭菜，我感觉他对学生特别尽心。"周欣说，自己之前只是被张玉滚的事迹感动，而真正和孩子们朝夕相处后，更能理解为什么张老师这么多年能够坚守。"因为孩子们也找到了一种依靠的感觉，他们把心敞开才能接受你这个老师。"

目前，黑虎庙小学有11名教师，青年教师4名。教师基本有了保障，张玉滚又有了新的烦恼，缺专业的音、体、美教师。"像《学习雷锋好榜样》这样的经典歌曲我们可以教，但是涉及的相关的乐理知识，还是要有专业的老师来教。"

去年开始，南阳市第十二小学支教培训基地扎根黑虎庙小学，每周都有一位从该小学来的教师到黑虎庙小学传经送宝，张玉滚期待的，让山里的孩子们享受到和大城市孩子同等教育的目标，也在一点点靠近。

张玉滚在黑虎庙小学的18年，这里走出了21名大学生和1名研究生，2018年"时代楷模"发布厅现场，5名毕业生代表从全国各地赶到录制现场，向恩师张玉滚表达感激之情。

张玉滚为孩子们挑课本的扁担，曾经的陈金亮也没少扛。"群山巍巍入云天，道路弯弯十八盘。是谁挑书洒汗水，撑起学子一片天。几代教师献青春，双肩挑来花满园。如今学校美如画，扁担精神莫失传。"看着如今修缮一新的校园，陈金亮最难忘的，是一代代教师接力挑书用过的扁担，虽然现在村子里道路宽了，也通了汽车，但是他觉得，这种"扁担精神"不能被遗忘，就像那些为一代代孩子默默耕耘的山村教师一样，没有他们，就没有孩子们看世界的窗户、通往外界的道路。

（2019 年 7 月 4 日）

16

《中国教师》
杂志

坚守乡村 19 年，只为干好一件事

□　曹巍　高姗

　　张玉滚是河南省南阳市镇平县高丘镇黑虎庙小学校长，19 年来坚守深山，为山区孩子照亮求学之路、希望之路。他用高尚的品格诠释了师德的内涵，是乡村教育真正的守望者。2018 年 9 月，中宣部授予张玉滚"时代楷模"称号；2019 年 2 月被评为"感动中国十大人物"；2019 年 4 月，他被共青团中央、全国青联授予"中国青年五四奖章"……2020 年 8 月，笔者有幸在辽宁抚顺"新时代雷锋学校培训班"第一次遇见并采访了张玉滚老师。从外表上，很难看出

他是一位"80后"，他历经风霜的脸上一直挂着憨厚淳朴的笑容，话语不多，却让人感到亲切踏实。

中国教师： 19年乡村教师生涯，您对教师这份职业有着深刻的体会，这种坚守的动力来自哪里？

张玉滚： 我是大山里的孩子，我知道一个尽职尽责的教师对孩子们有多么重要。2001年9月，师范毕业的我跟着黑虎庙小学老校长吴龙奇来到学校，走进自己当年上课的教室，看到的依然是"破桌子，破水泥台子，里面坐着十来个'土孩子'"。老校长说："玉滚，泥巴砖头垒个灶台，顶多能用个十年八载。咱们教学生认的每个字，他能受益一辈子。你要不来，这个班就开不了课，孩子们就得上山放羊去。"看着孩子们清澈无邪、渴望知识的眼神，我好像看到了自己小时候的模样。就这样，21岁的我成了一名每月拿30元补助、年底再分100斤粮食的民办教师。一次，我到一个村子里家访，听到家长们说："玉滚回来了，咱们娃有希望了。"这句话让我又一次深深地感受到，在人生成长的道路上，教师的影响力是不可忽视的。

这些山里的孩子很可爱，他们是山村的希望，为他们付出我感到很快乐。看到他们走进学校，学会读书写字，有的还走出大山，考到理想的大学，找到了很好的工作，那种成就感胜过一切。

中国教师：为了渴望知识的乡村孩子，您十几年扎根山区，甘守清贫，躬身力行，这个过程中您一定有很多苦衷，能否谈谈给您留下印象最深刻的事。

张玉滚：我给你们讲三件事吧。一是带学生上山拾柴。我刚到学校那几年，学校条件比较差，我们给学生做饭用的是土锅灶，需要烧柴，这些柴都是我带着学生去上山拾的。拾柴是个辛苦活儿，上山寻觅、拣拾枯枝、打捆背驮，我是老师，重活儿自然我来干，学生配合做一些力所能及的活。带学生拾柴，一方面解决了做饭用柴，另一方面也培养了学生的劳动意识，让他们得到锻炼，知道一餐一饭来之不易。这件事我们一直坚持了三四年。

二是我们黑虎庙村在镇平县北部的山区，距离高丘镇50多里。以前，黑虎庙人要想走出大山，得沿着山脊上牛羊踩出的小道，翻越尖顶山，再穿过险峻难行的八里坡。走到高丘镇，来回通常需要10个多小时。我们学校吃的、用的，那时候都要翻山越岭靠扁担从镇上挑回来。记得2006年正月，天特别冷，山里潮气大，遇冷成冰，本来就难走的八里坡，更加湿滑难行。眼看就要开学了，孩子们的书本还在高丘镇上。正月初十凌晨三点多，我就扛上扁担出发了。揣几个凉馍，一步一滑地直到中午才赶到镇上。返回的路上饿了，就向路边人家讨碗热水吃了凉馍，我又赶紧挑着几十公斤重的教材、作业本往回走。一路紧赶慢赶，晚上十点多，我才走到尖顶山下。肩膀早已磨肿，脚上水泡连水泡，每走一步都疼得钻心。天黑看不清路，偏偏又下起了雨，我实在走不动了，就找了个山洞，把书本用油毡包起来，小心翼翼放好，然后坐在山洞里。山洞里伸手不见五指，山洞外小雨淅淅沥沥地下着，就这样在山洞里坐了一夜。第二天一早雨停了，我就挑着书本往回走，到了学校，几乎成了"泥人"。但看着干净、完好的新书，很是欣慰。2006年夏，通往黑虎庙的公路修好了，山里人的出行方式终于有了改变。因为山高路险通不了客车，很多村民买了摩托车、机动三轮，我也省吃俭用置办了一辆摩托车。此后，我去镇上给学校买米、买菜、拉教材，再也不用肩挑背扛了。每年的书本、作业都是我用摩托车带回来的，少则几十斤，多则百余斤，拼着命在崎岖山路上奔波。几年来骑坏了4辆摩托车，轮胎更换的次数更是记不清了。

三是2006年秋季刚开学，由于学生流动性比较大，后来又添了十几个学生，缺了十几套书。因为开学初，我很忙，就让妻子抱着9个月大的女儿到镇上买书。返回时，妻子乘坐邻村一辆三轮车。下午放学后，我左等右等不见妻子回来，到了晚上6点多，我忽然听到尖顶下"咕咚，咕咚"几声响，随即听到哭喊声和呼救声，我和村民们赶紧往出事地点跑，看到几个人满脸都是血，坐在路边，哭喊着、呻吟着。原来，三轮车因刹车失灵蹿到

路下边 20 多米远，三轮车司机抱着一个小女孩，说："这是张玉滚的女儿，心脏已经停止了跳动。"听到这里，我的心都碎了，浑身发抖，瘫坐在地上，半天一句话也说不出来，头就像爆了似的。这件事虽然过去十几年了，但每次想起女儿那双明亮的眼睛，胖乎乎的脸庞，我总是忍不住落泪。这件事以后，我和妻子本想离开这里，可是看到学校总是缺教师、缺校长，最终还是留了下来。我将把这份悲痛化作力量，让女儿在天上看着，看着她的爸爸一直在努力地工作。

中国教师：2018 年，您被中宣部授予第四批"全国岗位学雷锋标兵"称号，作为"全国岗位学雷锋标兵"，您怎么看待雷锋精神的德育价值？

张玉滚：我从小就受雷锋精神的教育。雷锋在日记里写道：

"人的生命是有限的，可是，为人民服务是无限的，我要把有限的生命，投入到无限的为人民服务之中去。"当我成长为一名人民教师时，雷锋精神始终激励着我去努力实现生命的价值，指引着我热爱孩子，热爱山区，甘于坚守清贫，让我一步一个脚印，最终成长为新时代"全国岗位学雷锋标兵"。

我们的学校和广大教育工作者，应该始终清醒地认识到，靠拜金主义，振奋不了民族精神；靠个人主义，凝聚不了党心民心。中国的发展靠的是千千万万个像雷锋那样与党同心同德、艰苦奋斗，与人民同呼吸、共命运的"脊梁"。雷锋一心为他人、无私奉献的精神，带动了全国人民，影响了整个社会风气，很多人在自己的岗位上默默践行着雷锋精神。正如习近平总书记指出的："雷锋精神是永恒的，是社会主义核心价值观的生动体现。"雷锋精神的核心要义与社会主义核心价值观是一脉相承的。我们的思想教育要从小抓起，特别是在孩子人生观、价值观形成的关键时期，学校要把雷锋精神融入德育，让雷锋精神去引领他们。雷锋精神丰富的内涵，还需要我们教育工作者不断地学习和实践，并建立起学习雷锋的长效机制，让学校真正成为传承雷锋精神的高地。我会鼓励师生们向雷锋同志学习，学习雷锋那种对同志春天般温暖的精神，宽以待人、以诚相待、团结友善；学习雷锋那种"钉子精神"，珍惜时间、努力学习、练好本领；学习雷锋那种勤俭节约的精神，不攀比、不奢华；学习雷锋那种淡泊名利的作风，甘于平淡、专心致志……总之，要让他们从各个方面了解雷锋精神的本质内涵，让他们学雷锋、做雷锋。

中国教师：顾明远先生有一句名言："没有爱就没有教育。"为了不让一个孩子失学，可以说您倾其所有，付出了全部的爱。作为"80后"的您是如何理解"爱"对孩子成长的特殊意义？

张玉滚：没有爱，便没有教育。关爱每个孩子的成长是教师的神圣职责。对偏远山村来说，每一所学校，就是一堆火；每一个老师，就像一盏灯。火焰虽微，也能温暖人心，点燃希望；灯光虽弱，却能划破夜空，照亮未来。学生在家里有父母的呵护，来到学校后父母陪伴的时间少了，教师理应扮演起父母的角色，关爱呵护他们。我一直认为，爱是最长久的润泽，我爱教育、爱学校、爱孩子。这种爱未必荡气回肠，却是贴心贴肺的疼惜。

我们学校处于偏远深山区，人口居住分散，学生来源辐射面大。家长们要么在外打工，要么忙于农活没时间接送孩子，有的孩子要自己走一两个小时的山路来学校上课。2014年6月的一个晚上，10点多钟，我正改作业，突然接到张朋爷爷打来的电话，说孩子还没到家。6岁的张朋是学前班的学生，父母在外地打工，只有腿疼的爷爷在家，走路不便。学校6点就放学了，孩子咋还没回去呢？我立刻和妻子打着手电筒去找。走了七八里地，在路边儿发现张朋靠着大石头睡得正香，脸上还爬着许多小蚂蚁。我们连忙蹲下身子，抖掉张朋身上的小蚂蚁，背起张朋就走，经过一个多小时才把张朋送到家。张朋爷爷感激地说："多亏你们了，要不是你们把张朋送回来，我孙子就让狼给吃了，我可怎么向他爸妈交代呀？"说着眼泪一滴一滴往下掉，握着我的手久久不愿放开。

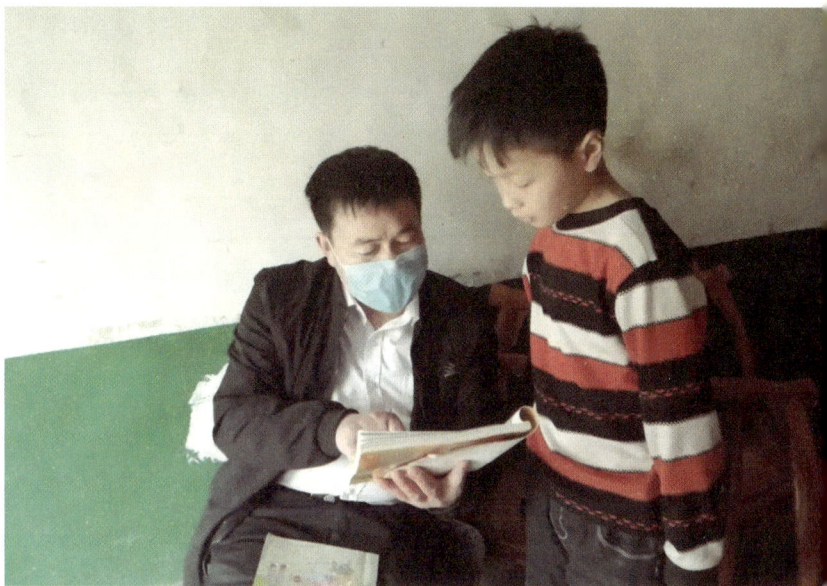

目前，我们有 80% 的学生住校。这些年，学生们有个头疼脑热的，我总能第一时间发现，我和妻子还经常为孩子缝缝补补。学生之间闹了矛盾，我就及时给他们做思想工作，解开他们的小疙瘩。现在，我练就一身过硬的好本领：掂起勺子能做饭，拿起针线能缝纫，课桌椅子坏了我来修，校舍破了我来补……

我知道，我还有很远的路程要走，我愿意把三尺讲台作为我的人生支点，把一方黑板当作我的人生归宿，就像我的名字"玉滚"一样，我要"滚石成玉，百炼成钢"，挺起山里孩子的梦想和希望。

中国教师：当下青少年存在缺乏吃苦耐劳精神、抗挫折能力差等问题，您如何看待这个问题？

张玉滚：当下确实存在这个问题，而且还有这个趋势。过去我们深山条件艰苦，但现在从城市到农村生活条件普遍都好了，可以说衣食无忧。我们老师都经历过艰苦生活，知道生活的艰辛和不易，平时会教育学生勤劳节俭、互相谦让、多为他人着想，有意识地培养他们的良好习惯。但教育还在于细节，在于细微处。教育不仅仅是说教，身教比言传更重要。校外邻居王桂花大娘70多岁，儿子在福建打工，儿媳离婚另嫁，留下3岁的孙女。我看在眼里，急在心里，常常利用课余时间帮助老人拾柴提水、买粮买菜，组织高年级的学生轮流到老人家里收拾卫生，照看孙女。特别是2013年5—8月，我们这里非常干旱，许多户人家自来水水源用尽，王大娘无力挑水，我就主动为老人挑水，一干就是三个月。这种行为也感染带动了我的学生，他们经常会主动帮助别人，至今学校周围的邻居们提起我们的学生都交口称赞。

我觉得，人活在这个世上就是牵挂和被牵挂、理解和被理解、爱与被爱，这应该就是人生的意义吧。

中国教师：您作为黑虎庙小学的校长，对学校的下一步发展有什么打算？还有什么心愿？

张玉滚：黑虎庙小学辐射半径达30华里，下辖菊花场教学点，服务1700多名群众。这些年，在上级教育部门和社会各界的关心下，学校的办学条件也在不断改善。学校占地面积约2500平方米，校本部现有5个教学班及学前班，六七十名学生，教师10人，近50名学生住校。以前搞"复式教学"，几个年级混在一起上课。现在我们从学前班到五年级都可以分班开课，课程跟城里孩子没啥差别。

我们现在最大的问题是要解决学生的一日三餐，这样才能留住学生。有很多孩子已经跟随父母走出大山，留下的孩子都是家庭条件比较差的，希望能帮助这些留下来的孩子都有学上。由于政府拨款补助不够，这几年我们都是通过社会爱心企业资助来解决这个问题。但这并不是长久之计，我们下一步要想方设法解决这个问题，留住学生，留住老师。我们还要持续抓好学生的德育，抓好学校管理，抓好课程质量。还有一个问题，我们学校单亲家庭、留守儿童比较多，占学生人数比例的30%多。这些学生很需要心理疏导，我希望有这方面能力的人能帮助这些孩子，给他们做一些心理的远程辅导。

我们还面临许多困难，希望社会上的爱心企业和爱心人士能够多给我们大山里的孩子一些爱心，一些帮助。

中国教师： 2020年是国家精准扶贫的收官之年，扶贫先扶智。您作为乡村小学的校长，有十几年的教学管理经验，请您对坚守乡村的校长和教师们谈谈个人的经验和感触。

张玉滚： "乡村振兴，教育先行。这些年在国家精准扶贫政策的扶持下，学校建设、师资配备等方面都有了很大的改善，我们作为乡村教师绝不辜负国家的期望。现在好多乡村学校由于易地搬迁，导致学生数量减少。虽然学生少、老师少，毕竟还是学校，既然是学校就要严格按照办学规律去办。一是德育工作不能滞后，持续做好德育工作。二是学校的规章制度要健全，不能因为人员少就放松管理。三是要更加关心关爱学生，毕竟能走出去的孩子条件好一些，留下的这些孩子相对家庭条件要差一些，老师要在关爱孩子上下功夫，要有具体措施。

我周围还有很多乡村教师和我一样，他们几十年如一日，默默地为教育事业奉献着，他们身上体现了人性的光辉和楷模的巨大力量，他们是我学习的榜样。在他们面前，我感到自己做的还很不够，而党和国家给了我那么多的荣誉，这份荣誉不仅是给我个人的，也是给千千万万奋斗在老少边穷地区广大一线教师的。是他们，用自己的坚守托起祖国明天的太阳！

张玉滚是一个不善言辞的人，采访过程中，每当谈起他的学生时，他的眼睛里瞬间充满了光亮，话也开始多了起来。从他动情的讲述和温暖的笑容里，我们分明看到了他那颗炽热的爱孩子的心。印度诗人泰戈尔说过："花的事业是甜美的，果的事业是尊贵的，但让我做叶的事业吧，因为叶总是谦逊地专心地垂着绿荫。"张玉滚就是一位圆山里孩子求学梦的护花使者，他专注而坚定地履行着叶的职责和使命。

（2020 年 9 月 12 日）

大山深处播火人

□ 孟向东 孙勇 刁良梓

八百里伏牛山，锦峦叠嶂，美如画屏。云雾深处，大山之巅，成片成片的连翘扎根岩土，拥抱峰峦，迎着太阳默默生长。早春，它们绽芳吐蕊，开成一片金色海洋；深秋，它们收枝敛叶，结就一味人间良药……千百年来，无论雨雪风霜，历经酷暑严寒，连翘始终坚守脚下土地，为人们奉献灿烂芳华和宝贵果实。

在南阳镇平县的伏牛山区，有这样一个普通的小学校长，就像这平凡而又坚韧、朴实而又厚重的连翘。为了一句庄严的承诺，他十几年如一日地坚守在大山深处，只为干好一件事：改变山里娃的命运，托起大山的希望。

他就是张玉滚，一个"80后"小学校长。他扎根黑虎庙小学17年，先后教过500多名孩子，培养出16名大学生。当地人把他的事迹编成歌曲传唱，感动了无数人。

他的背后，到底有着怎样不同寻常的故事？

5月2日，记者驱车从镇平县城出发，经过高丘镇，再向北沿着崎岖的山路，盘旋而上攀爬到海拔1600多米的尖顶山头。向下望去，山谷里的一片平地上，一面五星红旗高高飘扬，那里就是张玉滚所在的黑虎庙小学。顺着山路蜿蜒下降到海拔600米的谷底，一路走进大山褶皱深处，路的尽头就是学校。

留山记——

"泥巴砖头垒个灶台，顶多能用个十年八载。咱们教学生认的每个字，他能用一辈子。"老校长如是说。

黑虎庙村是镇平县北部深山区的一个行政村，属于高丘镇。从地图上看，这里距离县城70多公里，距离不算太远。然而一座座大山像铁桶一般，把黑虎庙围困得水泄不通，将其牢牢压在谷底。以前，黑虎庙人要想走出大山，得沿着山脊上牛羊踩出的小道，翻越尖顶山，再穿过险峻难行的八里坡。走到高丘镇，通常需要10个多小时。老辈人说"上八里、下八里，还有一个尖顶山；羊肠道、悬崖多，一不小心见阎罗。"

黑虎庙村 1300 多人，下辖 13 个自然村，零星分布在方圆十几公里的带状山坳里。学校虽说在村里的中间位置，但住得远的学生步行要 3 小时才能到。一座破旧的两层教学楼，一栋两层的宿舍，三间平房，就是这个学校的全部家当。

初见张玉滚，一米六的个头，面相憨厚。他上身穿一件皱巴巴的黑色西装，里面套着件手工编织的黄色毛衣。毛衣里边是发黄的白衬衣，扣子一直扣到脖子。他下穿一条黑色裤子，脚上是一双蒙尘的旧皮鞋。38 岁的人看起来像是 50 多岁。

坐在学校简陋的接待室里，喝着他们自采的连翘花茶，我们的话题渐次打开。

"是老校长给我指的路。当初要不是他，我肯定离开黑虎庙了。"张玉滚声音低沉。

他口中的老校长指的是吴龙奇——黑虎庙小学退休校长。吴龙奇在这里教了一辈子书，堪称当地的活字典。本报 18 年前曾以《一根扁担挑起两所山村小学》为题报道过他的事迹，乡亲们都亲切地喊他"扁担校长"。

吴龙奇告诉我们，黑虎庙村，得名于村里最高处的一座古庙。相传赵公明骑着一匹黑虎在此降妖除魔，保得一方平安。乡人感念其恩德，在这里为他建下庙堂。虽说供了财神爷，但村里人的日子依旧穷苦。吴龙奇说，以前山里人过年，挑一担干柴，走四五十里山路，到高丘街上卖了，换两棵白菜，捎一把粉条回家，就算置办了年货。

走出大山，改变命运，过上好日子，是山里人世世代代的梦想、心心念念的追求。要想刨除穷根，改变命运，必须从教育开始。从 1973 年起就在村里教书的吴龙奇，深知一个好老师对孩子们的意义。17 年前，张玉滚就是这样被吴校长"盯"上的。

2001 年 8 月份，眼瞅着开学在即，吴校长把手里的教师拨拉了几个来回，加上返聘的，还有两个班开学没老师。学校偏僻，没人愿意来，指望县里派老师根本不可能，急得他心急火燎。

这十里八村还有哪个"秀才"能救急？吴龙奇脑海里突然蹦出一个人——自己教过的学生张玉滚，7 月份刚从南阳第二师范学校毕业。"这可是个正儿八经的师范生呢"，他高兴得直拍大腿。

事不宜迟，吴龙奇赶紧挎一篮鸡蛋去张玉滚家，恰好碰见张玉滚在收拾行李，准备和同学一道去南方打工。

"玉滚啊，你是我的学生，得帮个忙暂时顶一下。等上面派下老师，你再出去打工也不迟。"老校长软话说了一箩筐。

"吴校长，您让我考虑考虑。"在外上了三年学，老实巴交的张玉滚也有自己的小心思："出去闯一闯，好歹干个啥，也比窝在大山里受穷强。"

老吴怕张玉滚悄悄溜了，就一天三趟地盯着。

"你先跟我去学校瞅一眼再说，是走是留，我不拦你。"最后，老吴干脆换了"套路"。

跟着老校长，张玉滚来到学校，走进自己当年上课的教室，映入眼帘的依然是"破桌子，破水泥台子，里面坐着十来个土孩子"。

"玉滚，泥巴砖头垒个灶台，顶多能用个十年八载。咱们教学生认的每个字，他能用一辈子。你要不来，这个班就开不了台，孩子们就得上山放羊去。"老校长背过脸，用关节粗粝的手揉着眼窝。

看着孩子们清澈无邪、渴望知识的眼神，那不正是自己小时候的模样吗？难道就因为没有老师，让他们小小年纪就失学吗？张玉滚鼻子陡地一酸。

"老师，啥也不说了，我不走了。"就这样，21 岁的张玉滚成了一名每月拿 30 元钱补助，年底再分 100 斤粮食的民办教师。

扁担记——

5 年间，靠着一根扁担，踩着老校长的脚窝窝，张玉滚为孩子们挑来学习生活用品，也挑起了孩子们的希望。

在张玉滚住的宿舍里，记者见到一根磨得溜光的扁担，两米长，黝黑发亮。黑虎庙小学的老教师说，这根扁担不寻常，老校长吴龙奇挑了它几十年。后来，老校长挑不动了，张玉滚接着挑。可以说，这根扁担就是黑虎庙小学历史的见证。

挑书本教材、学具教具，挑油盐酱醋、蔬菜大米。张玉滚接过老校长的扁担，肩不离担，担不离肩，风里来雨里去，冬天一身雪，夏天一身汗。

有年冬天特别冷。山里潮气大，遇冷成冰，本来就难走的八里坡，更加湿滑难行。眼看就要开学了，孩子们的书本还在高丘镇上。

正月初十凌晨三点多，张玉滚和另一名老师路喜安就扛上扁担出发了。揣几个凉馍，一步一滑地直到中午才赶到镇上。向路边人家讨碗热水吃了凉馍，他俩又赶紧挑着几十公斤重的教材、作业本往回走。

一路紧赶慢赶，晚上十点多，两人才走到尖顶山顶。汗水在眉间结成了冰碴，肩膀早已磨肿，脚上水泡连水泡，每走一步都疼得钻心。天黑看不清路，偏偏又下起了雨，他俩实在走不动了，就找了个山洞，把书本用油毡包起来，小心翼翼放好。他们背靠背取暖，在一旁坐了大半夜。第二天一早就往回走，等到了学校，两人几乎成了"泥人"。书本却被裹得严严实实，打开来，干干净净，连一点褶皱都没有。

从2001年到2006年，5年间，靠着一根扁担，踩着老校长的脚窝窝，张玉滚为孩子们挑来学习生活用品，也挑起了孩子们的希望。寒来暑往，他的足迹早已化作一串串动人的音符，回荡在黑虎庙的沟沟坎坎。

2006年，通往黑虎庙的公路修好了，山里人的出行方式终于有了改变。因为山高路险通不了客车，很多村民买了摩托车、机动三轮。张玉滚也省吃俭用置办了一辆摩托车。此后，他去镇上给学校买米、买菜、拉教材，再也不用肩挑背扛了。

"老扁担"谢幕，"小摩托"登场。"老扁担"身上凝结的一代代山区教师艰苦奋斗、无私奉献的"扁担精神"，也继续在"小摩托"上传承发扬。

"别看他外表柔弱瘦小，内心却有一股韧劲儿，交代啥事儿他都不折不扣地完成。就像一头老黄牛，你让转 100 圈，绝不偷奸耍滑少转半圈。"知徒莫若师，吴龙奇深知张玉滚的秉性。

当年盖新校，运材料格外难。正赶上农忙季，建筑队的民工都回家抢收抢种去了，搬砖运料就落在张玉滚他们身上。上山撬石头，下河挖砂土，运水泥、搬砖头、平地基……起早贪黑，没日没夜，等到崭新的教学楼拔地而起，张玉滚整个人瘦了一大圈儿。

全校 75 个孩子，40 多个学生在校住宿。这些孩子中有 1/3 是留守儿童，跟着爷爷奶奶生活，还有些孩子生活在单亲家庭，张玉滚把这些情况摸得一清二楚。谁家孩子爷爷奶奶年纪大了，需要格外操心；孩子们都在哪儿住，谁上学需要接送……他都一一记在心上。

2014 年 6 月的一个晚上，10 点多钟。正改作业的张玉滚接到张朋爷爷打来的电话，说孩子还没到家。6 岁的张朋是学前班的学生，父母在外地打工。学校 6 点就放学了，孩子咋还没回去呢？张玉滚立刻和妻子打着手电筒去找。走了七八里地，在路边儿发现张朋靠着大石头睡得正香。

"孩子是走得太累了。"张玉滚看着心疼，舍不得叫醒张朋，就俯下身子，让妻子把孩子抱到他背上。那天，夫妻俩轮流背着张朋走了足足一个小时。"要不是你们把孙子送回来，我这一夜都合不上眼呐！"张朋的爷爷握着张玉滚的手久久不放。

黑虎庙村党支部书记韩新焕告诉记者，张玉滚虽然收入微薄，但他 17 年来资助过的学生就有 300 多名。有他在，没让一个孩子失学。

桃李无言，下自成蹊。在张玉滚和其他老师的努力下，在镇平县、镇两级教育部门的支持下，黑虎庙小学顽强地"生存"着。一年又一年，孩子们从这里走出大山，有的考上重点大学，有的还读了研究生，留在了大都市。在张玉滚任教前，黑虎庙村只有一个大学生，到现在已经有了 16 个大学生。

艰苦的环境，常年的操劳，张玉滚显得比同龄人"老相"得多。很多次去镇里开会，不熟悉的人问他："快退休了吧？"他总是呵呵一笑。

弦歌记——

"白日不到处，青春恰自来。苔花如米小，也学牡丹开。"

由于学校条件艰苦，师资力量不足，张玉滚不得不把自己打造成"全能型"教师。语文、数学、英语、品德、科学，他样样"精通"。4 年前，张玉滚接任校长，当好"掌舵人"的同时，他又肩负起学校教研课改的总体工作。

"不耽误一节课，千方百计上好每一节课。"数学课上，张玉滚运用直观教学法，和孩子们一起制作钟表表盘、正方体、长方体等教具；科学课上，他带领孩子们去野外考察，自己动手做实验，激发他们热爱大自然探究大自然的兴趣。学校缺少体育设施，大课间时，他就和孩子们围成一圈玩抵羊角、斗鸡，活动课还经常领孩子们去爬山。

为让山里的孩子也能说得一口纯正的英语，张玉滚自掏腰包买来录音机和磁带，先跟着一遍一遍学。在课堂上，他一边播一边教，有时候一个发音，就让孩子们反复练上十几遍。张玉滚风趣地说："发音要练好，可不能让孩子们将来出去了一口黑虎庙英语，让人笑话！"

"给学生一瓢水，老师要有一桶水。"这是张玉滚的口头禅，多年来，他在教中学、学中教，无论再忙再累，都不忘学习。他已经自学完成大专课程，正在自学本科课程，"山里本来就闭塞，老师不多学点，咋教好娃们？"

让张玉滚和老师们欣慰的是，这些年，在上级教育部门和社会各界的关心下，学校的办学条件也在不断改善，新建了宿舍楼，盖起了食堂，校园里还搭起了乒乓球台。

"以前是'复式教学'，几个年级混在一起上课。现在，我们从学前班到五年级都可以分班开课，课程跟城里孩子没啥差别。"张玉滚说。

今年春天，镇平县教体局还专门给黑虎庙小学拨付配套资金50多万元，用于改善教学条件。随手推开一间教室的门，新装上的推拉式黑板左右打开，露出一块黑亮的液晶显示屏。老教师陈金亮一脸自豪地说："看，我们上课也用上一体机了！通过远程教学，我们的学生还能跟城里孩子一同上课呢。"

教书育人，教授的是知识，培育的是心灵。张玉滚经常带领孩子们走出去，用心感受四季光阴的变迁，听风声雨声，看云飞雪落。

春天的山坳里，布谷声声，他领孩子们诵读：绿遍山原白满川，子规声里雨如烟。

夏天的溪流边，蝉鸣阵阵，他带孩子们吟诵：绿树浓荫夏日长，楼台倒影入池塘。

秋天红叶满山，层林尽染，他教孩子们领会：自古逢秋悲寂寥，我言秋日胜春朝。

冬天大雪纷飞，苍茫壮阔，他让孩子们体味：燕山雪花大如席，片片吹落轩辕台。

……

这一幕一幕的美好和感动，如春风化雨，悄无声息地滋润着孩子们的心田。

爱是最长久的润泽，张玉滚爱教育、爱学校、爱孩子。这种爱未必回肠荡气，却是贴心贴肺的疼惜。

学生们有个头疼脑热的，他总能第一时间发现，他办公室的药箱里常备着感冒发烧药；有的孩子一时交不上餐费，他就自掏腰包悄悄垫上……

为了孩子，他练就一身过硬的好本领：掂起勺子能做饭，拿起针线能缝纫，课桌椅坏了他来修，校舍破了他来补……

2013年10月，天还没亮，张玉滚骑摩托车到镇中心校开会。当时山上起了大雾，在一个急转弯处，摩托车刹车失灵，撞上一块大石头，张玉滚摔晕过去，差点掉下悬崖。在医院住了没几天，他就急着回学校，在妻子的搀扶下站上讲台。

"上课！"

望着讲台上头裹纱布的张老师，憨厚朴实的山里娃喊出"老师好"后，禁不住哭成一片……

坚守记——

"前半夜想想自己，后半夜想想孩子。思来想去，都走了，孩子们咋办？"

5月3日，天刚麻麻亮，张玉滚就轻手轻脚下床。他这边刚起身，妻子张会云也一骨碌爬起来。夫妻俩打着手电，出了门。朝隔壁学生宿舍里望望，孩子们睡得正香。

走进厨房，张玉滚从橱柜里舀出米，淘洗干净，放进大锅，倒入清水。张会云将灶里的柴火点燃，慢慢熬煮。等到一锅粥咕嘟咕嘟冒出了香喷喷的热气，张玉滚轻轻撇起小半勺，送到妻子唇边。

这时候，天已经大亮。张玉滚夫妇的一天就这样开始了。

从某种意义上来说，黑虎庙小学就像是一个"夫妻店"。除了张玉滚夫妇，学校里还住着退休返聘教师陈金亮夫妇、青年教师张磊夫妇。这种特殊的搭档关系，是黑虎庙小学长期坚守的重要支撑。

"坚持一阵子不难，坚守一辈子难，没有信念的人做不到。"镇平县委常委、宣传部长周清玉这样评价道。

其实，面对微薄的工资，艰苦的环境，养家糊口的窘困，张玉滚也曾犹豫过，想到离开。

"前半夜想想自己，后半夜想想孩子。思来想去，都走了，孩子们咋办？"

张玉滚的父亲把儿子的纠结和不易看在眼里。这个当了多年村干部的老党员，拍着儿子的肩膀说，好男人就是要信守承诺，忍得住孤独、扛得起责任。

家中兄弟姊妹五人，排行老三的张玉滚，却是母亲最疼爱的那个。知道儿子工作忙，学校事情多，母亲总是默默地支持他。每次家里有事，母亲总是说，你忙你的吧，家里有我。

2017年秋天，母亲癌症晚期，在南阳市住院。家里人都知道，独独瞒了他一个。等他接到弟弟的电话匆匆赶到医院时，母亲已经在白被单下静静地躺着……

张玉滚有一儿一女，因为没时间照顾，他把两个孩子全部送到县城寄宿学校，两周接一次。去年冬天的一个下午，该接孩子了，因为学校事情多，他一直忙到天黑才赶过去。昏黄的路灯下，看着孩子的身影在寒风中瑟瑟发抖，他鼻子一酸，眼泪滚落下来……

张玉滚几乎把全部的心血都倾注在学校、把全部的热爱都给了学生，对自己的亲人，却满怀歉疚。他最感亏欠的，就是相濡以沫的妻子。

学校原来没有食堂，孩子们自己从家里带米面馒头，在教室后面一间临时搭建的棚子里生火做饭。每天烟熏火燎不说，年龄小的孩子做的饭总是半生不熟。

2003年，食堂建好了。可是给的工资少，没人愿意来做饭，还是开不了张。万般无奈之下，张玉滚想到了妻子张会云。

"当时她在外打工，一个月一两千块钱，收入比我高得多。"张玉滚说，架不住自己的甜言蜜语加上软磨硬泡，妻子终于同意来学校给学生们做饭。

2014 年 5 月的一天，张会云在轧面条时出了意外，右手四个手指被机器轧折，鲜血淋漓。等赶到县医院，已错过最佳治疗时机，落下了残疾。望着丈夫那张因自责而满是痛苦的脸，她轻轻地叹了口气。夫妻一场，她比谁都明白丈夫的心。

没过几天，张会云就重新出现在学校。只不过，她炒菜、做饭都换成了左手；见到生人，也悄悄地把右手藏在身后……

冬去春来，尖顶山上的麻栎树绿了又黄，黄了又绿。就这样，为了当初对老校长的一句承诺，为了改变山里娃的命运，张玉滚一干就是 17 年。

传承记——

"如果你是一滴水，你是否滋润了一寸土地？如果你是一线阳光，你是否照亮了一分黑暗？如果你是一颗粮食，你是否哺育了有用的生命？"

5 月 4 日，午后的阳光强烈得有些刺眼。上课了，黑虎庙小学的校园静了下来。三年级教室里传来琅琅的读书声，一个年轻帅气的男老师正在上语文课。

他就是张磊，张玉滚的亲侄子，在这里教书已经 4 年。

2007 年，张磊大学毕业后，在深圳上班。不久就认识了女友，广西姑娘余超凤。

"当时，他俩感情好得像蜜里调油。"张玉滚笑着说。

"为啥回来教书啦？"

"还不是因为俺叔。"张磊冲着张玉滚努了努嘴。

原来，2009年，学校一下子有3位教师面临退休，马上春季开学了，这可咋办？张玉滚像当初的老校长一样犯了难。

思来想去，他把"主意"打到了自家侄子身上。

"我叔给我打电话不下五六次，几乎天天打。"一开始，张磊没有答应。

"后来，咋下定决心了？"

"小时候我叔背我跋山涉水上学的情景，咋也忘不掉。我是本乡本土人，不能眼睁睁看着孩子们没学上。"张磊说。

应承了叔叔，可是咋想办法让女朋友也一起回来呢？

"张磊跟我说回家见见老人，把亲事定下来。"余超凤笑着回忆说，"他说老家挺好的，有山有水。我问山多大，他说不大。没想到，跟着他一路回来，越往里走山越高。"

回家第二天，张磊就带着余超凤来到黑虎庙小学。"往里一看，教室破破烂烂，窗户两面透风，孩子们冻得直哭。有个孩子连鞋都没有，脚肿得像胡萝卜。"这个心软的姑娘看得直掉泪。小情侣商量后决定，余超凤留在黑虎庙小学教书，张磊到县里的石佛寺镇学玉雕手艺，挣钱养家。

转眼5年过去了，2014年春节过后，有个老师调走，学校又拉不开栓。张玉滚再次动员张磊回来代几天课，没想到这一"代"就到现在。

黑虎庙小学现有教师8人，其中4名是退休返聘的。63岁的陈金亮就是其中之一。2016 年退休后，他和老伴儿本想回到县城享几天清福，顺便照顾孙女。因为学校总是缺教师，他干脆把孙女接到身边，自己继续教书。

"只要孩子在，学校就在。"这是采访中，老师们说得最多的一句话。

2012 年 7 月，镇平县特批 7 个深山区民办教师转正名额，张玉滚转为公办教师。张磊在课余修完了本科课程，目前也已转正。

"县里正在尽最大努力解决师资短缺问题，逐步提升山区教学质量。还给深山区教师发放津贴，想方设法提高山区教师待遇。"镇平县委书记李显庆说，"让乡村教师更有尊严，有回报、得发展，基层教育才有希望，乡村才能振兴"。

对偏远的山村来说，每一所学校，就是一堆火；每一个老师，就像一盏灯。火焰虽微，也能温暖人心，点燃希望；灯光虽弱，却能划破夜空，照亮未来。

5 月 4 日下午，告别黑虎庙小学。回程途中，伫立尖顶山头，但见满山连翘，枝叶舒展，绿意蔓延。山谷中，那面鲜艳的五星红旗，高高飘扬，仿佛一把燃烧的火炬，永不熄灭……

（2018 年 5 月 7 日）

点亮大山深处的明灯

□　孟向东　刁良梓

　　镇平县高丘镇黑虎庙村位于伏牛山深处，这里群山环抱，交通闭塞。黑虎庙村小学就坐落在这里。3月7日上午，当记者坐车一路颠簸来到学校，见到刚刚被授予全国岗位学雷锋标兵的张玉滚时，虽然有了一些心理准备，但还是惊讶不已：这个风华正茂的"80后"年轻人，两鬓已有些斑白——深山里的沧桑岁月已在他身上留下了太多深刻的印记。

　　2001年9月，当19岁的张玉滚出现在黑虎庙村小学的门口时，整个山村都沸腾了；但村民又隐约有些担心，担

心他三分钟热度，干几年就另攀高枝了，却没想到他一干就是 17
年。好友和亲戚多次介绍他外出打工或到发达城市从教，都被他
婉言谢绝。

"不耽误一节课，千方百计上好每一节课。"这是他给自己定
下的铁律。由于交通不便、条件艰苦，大多数青年教师不愿意来
此任教，黑虎庙村现有的 6 名教师中，3 人面临退休，张玉滚不
得不把自己磨炼成"全能型"教师。如今已经是校长的张玉滚，
还担任着五年级数学、英语、品德社会、科学四门学科的教学工
作。由于山高谷深、路况不好，每年的书本、作业本都是他用摩
托车拉来的。多年来，光摩托车他就骑坏了 4 辆，至于更换轮胎
的次数更是连他自己都记不清了。

2014 年 3 月 16 日早上，天刚蒙蒙亮，张玉滚骑摩托车去高
丘镇中心校开会。山上起了大雾，他难以准确判断前方路况，一
下子摔倒在悬崖边，幸好被一石块挡住，才没有掉下山谷，但腿
部受了伤，昏迷过去半个多小时。仅仅两天后，他又从床上爬起
来，一瘸一拐地走进了教室。

黑虎庙村小学辐射半径达 30 公里，大多数孩子中午都在学
校自己生火吃饭，或者啃冷馒头。"小孩子自己做饭半生不熟的，
对身体很不好。"心疼孩子的张玉滚不仅主动担起了孩子们的后
勤保障任务，还说服在外打工的妻子回来帮他。2006 年 3 月，张
玉滚的妻子在为学生轧面条时，中指和无名指被轧面条机轧得粉
碎。为了不耽误孩子们吃饭，妻子到医院简单处理后，又忍着钻
心的疼痛回到了学校。提起这事儿，张玉滚痛心不已："我太愧

对爱人了！我不能给她一个富裕的生活，反而让她跟着我在穷山沟里受罪。"

山里的孩子，父母外出打工者居多，平时都是跟着爷爷奶奶一起生活，谁家孩子在哪儿居住、谁家孩子爷爷奶奶年纪大了、谁家孩子上学需要接送……他都一一记在心上。

2010年7月23日凌晨3点，天空突然电闪雷鸣，暴雨倾盆而下。暑假在学校值班的张玉滚连忙起床，披上雨衣就往外跑。当他到达留守儿童张明明家时，年久失修的房子已经塌了大半，张玉滚一边抱起明明，一边背起腿脚不便的明明爷爷就往外跑……当把老人和小孩转移到安全地带时，张玉滚才感觉脚底板有点痛，抬脚一看，只见右脚被玻璃碴儿扎得鲜血直流。

山外的世界很大很精彩，但张玉滚却始终难以挪开他的脚步，因为山里娃们希冀的目光炙热如火焰。近年来，扎根山区、一心育人的张玉滚先后被授予多项国家级殊荣，多次受到表彰。

"你把十八弯的山路走成了通天的大道，你闪光的汗水浇出山花更艳更俏……"采访结束时，教室里传来孩子们稚嫩而深情的朗读声，这是当地群众为张玉滚写的诗歌，这声音久久回荡在大山深处。

（2018年9月4日）

再访河南黑虎庙小学校长张玉滚：
照亮希望的光

□　宋华茹　　孟向东

聚光灯的中心在宁静中积蓄着热能，好比当下镇平县黑虎庙小学校长张玉滚的内心。

11月19日接近中午，太阳照彻浓雾，汽车爬过山坡，我们的目光，又聚焦在山坳里那所国旗招展的小学校。

黑虎庙要紧跟城里的教育

天空蔚蓝，阳光如金，漫山斑驳枝叶随风飒飒。下课铃声响起，清脆的童声顿时让校园生动起来。

周一，厨房当值的恰是张玉滚。他带着9月份新入职的周欣老师，一起给孩子们打饭。玉白晶莹的大米饭，香气扑鼻的大烩菜，小家伙们规规矩矩排队，不时扬起笑脸跟记者打招呼："老师好！"张玉滚温和地照看着孩子们，直到最后一个学生盛了饭，他又跟进餐厅，不时问着"菜够不够？""再添点？"……

今年5月7日，《河南日报》一版头题刊发了长篇人物通讯《大山深处播火人》，张玉滚扎根深山17年，奉献山区教育事业的感人事迹在全社会引起强烈反响。从中央到地方，各级领导、各路媒体、各方爱心捐助、学习参观团体纷至沓来，黑虎庙小学成了各界关心扶持的"热点"。而激发这千层涟漪的当事人张玉滚，今年9月被中宣部授予"时代楷模"荣誉称号，达到了个人荣誉的高峰。

一次次采访、一拨拨参观、一场场报告，几个月来张玉滚可谓见惯大阵仗。而记者面前的他依然平和寡言。

"表彰接踵而至，活动和采访这么密集，张校长还适应吗？"

"还行。"

"最近您忙着啥事？"

"趁上冻前抓紧盖二楼的图书馆。"

"您还有时间给孩子们上课吗？""白天耽误了晚上给学生们补。"张玉滚目前担着四五年级的科学和品德与社会两门课，一周有16节课。说起教学他愧疚不已，最近几个月常有活动，有次他外出整整一周，这是多年来没有的情况。

"诚惶诚恐，有压力也有动力。"聊天聊熟了，张玉滚吐露出心里话。他觉得自己不过是做了分内工作，却得到这么多的荣誉，唯一能回报的，就是把教师素质带起来，把教学水平提上来，让孩子们能撵上城里娃的教育。

经过本报记者的牵线搭桥，黑虎庙小学和南阳市十五小、十二小成为结对帮扶学校。张玉滚带着学生们去十五小参观。"老师，他们科学教室里这些东西太神奇了！""老师，这电脑里想看啥就有啥！"听着孩子们争先恐后的赞叹，张玉滚又心酸又欣慰：虽然黑虎庙小学的条件一时半会儿赶不上，可是孩子们开了眼界，他们对未来的期待就不一样了。

在上级的关怀下，通过考试和调整，今年9月，黑虎庙小学新入职4名老师，全校教师已有10名。张玉滚谋划着培训计划：尽快让老师们通过到教师进修学校、参加网上"国培计划"等途径，接受全科教师培训；通过远程观摩学习南阳市十五小的教学；请市十二小的老师来指导体育、美术、音乐课，补短板；充分利用远程教育和网上课件，展开素质教育；到明年暑假，带一批孩子到郑州陈中教育集团参加夏令营……

给学生们梦想的启迪

午后琅琅的读书声在教学楼回荡，这是三年级的语文课。随着老师余超凤的启发，六个学生眼睛齐刷刷地盯着液晶显示屏，回答着老师的提问。

"过去学校愁的是没有老师，现在着急的是不能让学生们被信息时代的高速列车甩下。"跟随张磊从广西到小山村扎根的余超凤非常认同张玉滚利用网络提高教学质量的想法。

开展网络教学，黑虎庙小学已有了"家底"：南阳市教体局协调社会捐赠了 30 台电脑，全县第一家多媒体教学"梦想教室"配备到位。张磊老师日常教学之外的重要任务，就是安装电脑系统、布网线，学校的电脑教室已经具备开课条件。张磊和余超凤正在上海相关软件公司的指导下先学先试"梦想教室"的网络课件。学校开会决定，每周一节电脑课、一节梦想教室课要列入课表。"没有专业的体音美老师也不怕了，梦想教室用起来，优质教育资源唾手可得。"余超凤说着就笑起来。

一年级正在上数学课，任课的周欣老师教几道题，就走到学生跟前一个个辅导。到学校教学才两个多月，可周欣觉得这些日子过得特别充实。"我们这里留守孩子多，张校长特别强调要关注学生们的心理健康，平时多注意他们的衣食冷暖，孩子才愿意敞开心扉。"

黑虎庙小学全校学生有 1/3 是留守儿童，一半以上是住校生。"孩子们得到的爱太少了，我看着不忍。"早上四五点就起来做饭，晚上十来点给孩子们掖了被角再去备课，多年来，张玉滚保持着这样的作息。所谓责任，就在"不忍""丢不下""不能不管"中编织成绵绵的呵护。

有一次午餐，一个学生不小心把饭洒了一地，张玉滚没有一句责备，而是安慰孩子一起收拾残羹。有姐弟仨，跟着爷爷生活，入冬天冷了，张玉滚挂记他们衣服穿暖没有，还嘱咐周欣多跟孩子说说话。看着校长和其他资深老师的一言一行，周欣领悟到要想做一名好老师，健康而全面的启蒙弥足珍贵。

做照亮希望的那束光

春天山峦葱翠，初冬苍苍莽莽。时隔半年再访黑虎庙小学，令人"惊艳"。

校园立起了两栋小楼。旧有的教学楼粉刷成鲜嫩的明黄色，"树百年报国志 做世纪栋梁材"几个烫金大字泛着光。另一栋楼一层专门有个大开间餐厅，孩子们再不用蹲在地上吃饭了，可以高桌子、低板凳地从容就餐。过去破烂的厨房新贴了瓷砖，添置了冰柜、消毒柜等现代化的家什。二层新接的房子已经有了框架，将来就是张玉滚说的图书室。院子重新铺了红色的地砖，既防滑又渗水。南院墙处新添了两个乒乓球台。校园外，崭新的200米塑胶环形跑道倍显"身价"。

据镇平县委有关领导介绍，过去半年来，政府筹资加上社会捐助，已投入300多万元用于改善黑虎庙小学的办学条件，基本赶上了城里公立学校的硬件设施。

而新的难题又来了：受益于易地搬迁扶贫，黑虎庙村所属高丘镇深山里的农户陆续搬出大山过上新生活，山里学校的生源就相应不断减少。上学期，黑虎庙小学还有75名学生，现在只剩下51名。人数最少的五年级，只有4个学生。

怎么办？把黑虎庙小学办成高水平的中心学校，吸引方圆几十里、包括相邻内乡县的孩子来这里上学。县里打算把黑虎庙小学建成模范寄宿制学校。同时，兴建教师周转公寓，统一盖成两室一厅，家具、电器齐全。还要落实山区教师补助，尽可能地创造条件，留住老师，使他们安心扎根。

还有更大的好消息。

记者上山时，走到高丘镇靳坡村被迫绕路。原来，从高丘镇到黑虎庙的道路开始整修了！沥青混凝土摊铺机正在来来回回压路、铺路，铺出一条坦途。多少年，陡峭的盘山路、接连的"胳膊肘"弯拦住了黑虎庙通向外界的精彩，让张玉滚们吃尽了苦头。能修好这条路，黑虎庙人做梦都会笑。

"今冬开工能干多少干多少，明春就要加宽路基、减缓陡坡，这是硬仗。这条路可是发展路、幸福路呀！"高丘镇领导振奋不已。

"我愿做十八弯山路上的明月，照亮孩子走出大山的路。"一次采访中，张玉滚难得感性地倾吐初心。

在这条路上，他深一脚浅一脚来来回回千百次；在这条路上，妻子抱着9个月大的女儿买教材回来遭遇车祸，孩子没了；在这条路上，他目送一茬茬学生到更广阔的天地追梦。

这条"路"也记录着张玉滚的成就和满足。"放假过年，毕业的学生总有几个回来学校看看。他们感恩黑虎庙小学给予自己梦想的启迪。"

今年9月，黑虎庙小学举行了建校60周年活动。远在江苏师范大学求学的王克翠专门赶回来。"在黑虎庙小学上学是我的荣幸。"她郑重地向老校长吴龙奇和张玉滚深深鞠躬。

那一刻，张玉滚双眼湿润。这些年，吃的苦，值了！他愿意用知识之光、梦想之光照亮更多孩子的前程。

如今，包括黑虎庙在内的乡村振兴规划已经摆在了市、县领导案头，旅游生态开发的画卷孕育着美好的未来。

张玉滚和老师们都在期待着新的明天。

（2018 年 11 月 22 日）

汗水浇出山花俏

——记镇平县高丘镇黑虎庙小学教师张玉滚

□　高勇

"你把十八弯的山路走成了通天的大道，你闪光的汗水浇出山花更艳更俏。我见过你疲惫的双腿，没见过你弯下过腰。当春风催开冰封的大地，你总是摸着我的脑袋舒心地微笑。"

这首《做您的学生真好》，是镇平县教体局专门为一位山村教师而谱写的诗歌。这位山村教师，就是该县高丘镇黑虎庙小学老师张玉滚。今年教师节前夕，他被授予"河南省师德标兵"，并获得河南省"五一劳动奖章"荣誉称号。

黑虎庙村位于伏牛山深处，和南召县、内乡县交界，素有"一脚踏三县"之称。这里地处偏僻，交通闭塞，至今不通公共汽车，离镇政府所在地还有50多公里山路。因此，许多老师都不愿到这里来任教，而许多学生家长也为找不来老师犯愁。

2001年9月，当19岁的张玉滚出现在黑虎庙小学的门口时，整个山村的百姓都沸腾了。毕业于南阳第二师范学校的他，看到家乡山村缺师，毅然选择到这所山村学校任教，做一名代课教师。用他自己的话说："我是大山的孩子，是大山养育了我。不图别的，看着自己教的学生一个个能走出大山，我就觉得值了！

黑虎庙小学辐射半径达30公里，大多数孩子们中午都在学校自己生火吃饭，当他看到有些年龄小的学生做的饭都是半生不熟的时候，就主动担起了孩子们的后勤保障工作。不仅如此，他还动员在外打工的妻子，回来帮他给学生们做饭。

天有不测风云。2006年3月，他妻子在为学生们轧面条时，一不小心，中指和无名指被轧面机压得粉碎。虽然经过治疗，但却落下了终身的残疾。妻子的娘家人为此经常埋怨他，可他妻子倒是一直没说什么。直到现在，他的妻子还在为学生们的一日三餐忙碌着。提起这事儿，张玉滚痛心不已："我太愧对我的爱人了！我不能给她一个富裕、安生的生活，反而让她跟着我在穷山沟里受苦受罪。"

山里的孩子们，父母外出打工者居多，平时都是跟着爷爷奶奶一起生活，张玉滚把这些情况都摸得一清二楚：谁家孩子在哪儿居住，谁家的孩子爷爷奶奶年纪大了，谁家孩子上学需要接送……他都一一记在心上。

2010年7月23日凌晨3点，一时间天空电闪雷鸣，暴雨倾盆而下。从睡梦中惊醒的老人和孩子们，顿感手足无措。暑假在学校值班的张玉滚连忙起床，顾不上和妻子解释，披上雨衣就往外跑，当他到达班里的留守儿童张明明家时，让他担心的事情还是发生了：只见明明和爷爷蜷缩在床上，一个老泪纵横，一个哇哇大哭，年久失修的房子已经坍塌了一大半。眼看着雨水就要淹没床头，张玉滚连忙先抱起明明，让明明趴在自己胸前，又赶紧把腿脚不便的爷爷背在身上；当把这爷孙俩转移到安全地带时，大家都不敢相信：这个手无缚鸡之力的文弱书生，竟然同时扛起了两个人。

直到此时，张玉滚才感觉自己的脚底板有点痛，抬脚一看，只见右脚板不知什么时候被洪水中夹杂的玻璃碴子扎得鲜血直流。明明的爷爷激动地说："要不是张老师，我们爷孙俩早就被淹死了，张老师可是我们的救命恩人哪！"

12年的风风雨雨，12年的辛勤耕耘。每天晚睡早起，让张玉滚看起来面色憔悴。他在工作上一向任劳任怨，在生活上对学生总是体贴入微，在教学上更是耐心、踏实。他所教年级学生的成绩，在全镇名列前茅，多次受到上级表彰。而且这些年来，张玉滚还用自己微薄的工资，累计资助了300余名的学龄儿童，使他们在求知和做人的路上越走越亮堂。

令人欣慰的是，2012年7月，张玉滚由一名代课教师转为正式在编教师，实现了他长期从事教育事业的梦想。张玉滚就像大山深处一轮明月，播洒光明，润物无声，以自己微弱的温度和烛光般的热情，温暖和照耀着大山深处的孩子们！

（2013 年 11 月 1 日）

扎根深山奉献三尺讲台

□ 孟向东　刁良梓

　　"作为一名普通的山村教师，能够获得这样高的荣誉，内心自然激动万分，但跟其他'最美奋斗者'相比，还有不小差距。我将激励自己不忘初心，加倍努力，奉献三尺讲台。"10月11日，作为南阳市"不忘初心、牢记使命"主题教育报告团主要成员，张玉滚讲到在北京领奖的感受，台下响起了雷鸣般的掌声。就在刚刚过去的庆祝中华人民共和国成立70周年大会活动现场，张玉滚坐着花车在北京天安门广场参加了群众游行。

黑虎庙村是南阳市镇平县北部深山区的一个行政村，因为山路陡峭，条件艰苦，多年来，外面的老师不愿意来黑虎庙小学任教。2001 年，师范学校毕业的张玉滚在老校长的劝说下，主动放弃在城市工作的机会，扎根深山，甘守清贫，从一名民办教师干起，一干就是 18 年。在他的辛勤付出下，如今黑虎庙小学已经有 22 个孩子考上大学，光他资助过的学生就有 300 多名。张玉滚的感人事迹经《河南日报》等媒体连续报道后，感动了无数人，他也获得"时代楷模""感动中国 2018 年度人物""全国优秀教师""全国师德标兵""最美奋斗者"等荣誉称号。

"成名"后是什么感觉？记者问。张玉滚憨厚地笑着说，"咱就是个山村教师，只是比以前更加忙碌，有时候出去领奖作报告耽误的课，回来后都要连轴转，赶紧给孩子们补上。"

今年以来，张玉滚作为省市报告团成员，在郑州、平顶山、南阳等地和北京师范大学等高校巡回报告 20 多场。"很多听众泪流满面，让我印象深刻。"张玉滚说，自己做的这些微不足道的事情，没想到感动那么多人。

张玉滚指着教室后面一排崭新的二层小楼，高兴地说："这就是县里给学校新建的教师周转房，里面有厨房卫生间，跟宾馆似的，以后再不愁留不住老师了。"如今，黑虎庙小学的师资力量也大大加强，这学期共有 11 名公办教师。今年春天，河南省实验小学的老师们来到黑虎庙小学实地走访，还与黑虎庙小学结了对子，为孩子们带来了 20 多个平板电脑。下一步他们将通过安装相关信息化设备，让两个学校真正实现远程互动上课。

最近半个月，山外的大巴陆续开进黑虎庙村，外地的教师来向张玉滚学习，重走张玉滚走过的路，让这个宁静的小山村热闹起来。

（2019 年 10 月 12 日）

甘当红烛点亮大山希望

□　陈小平

八百里伏牛山，锦峦叠嶂。群山深处，有一位小学校长，他扎根深山18年，用坚守改变山里娃的命运，用全部的爱托起大山的希望。他，就是南阳市镇平县高丘镇黑虎庙小学校长张玉滚。

18年前，马上要去南方打工闯世界的"80后"小伙张玉滚在黑虎庙小学老校长吴龙奇的劝说下，到黑虎庙小学"就瞅一眼"。"破桌子，破水泥台子，里面坐着十来个'土孩子'"……看着孩子们渴望知识的眼神，他鼻子一酸，"啥也不说了，我不走了。"

从最初每月拿 30 元钱补助、年底再分 100 斤粮食的民办教师，到 2012 年 6 月才转为正式在编教师，张玉滚说："孩子们走出大山的梦想是我最大的梦想。"

起初，学校到山外不通车，想要走到最近的镇也需要 10 个多小时。那 5 年，张玉滚靠着一根扁担，为孩子们挑来书本教材、学具教具，挑来油盐酱醋、蔬菜大米，更挑起了山里娃走出大山的希望。

由于学校师资力量不足，张玉滚把自己打造成"全能型"教师，小学 5 门课程，他样样"精通"。在他心中，给孩子们上课是天大的事，无论如何都耽误不得。2013 年 10 月，张玉滚骑摩托车到镇上，途中发生车祸，摔晕在地。在医院住了没几天，他就急着回学校，在妻子的搀扶下站上讲台。望着讲台上头裹纱布的张老师，憨厚朴实的山里娃喊出"老师好"后，禁不住哭成一片。

为了孩子，张玉滚练就一身过硬的好本领，掂起勺子能做饭，拿起针线能缝纫，课桌椅坏了他来修，校舍破了他来补。18 年来，每逢雨雪天，他都亲自接送学生，从没让一个学生发生安全事故；每次孩子们有个头疼脑热，他总能第一时间发现，药箱里常备着给孩子们的药品；有的学生一时交不上餐费，他就悄悄自掏腰包垫上；他还主动拿出工资垫付学生学费，用自己微薄的收入资助了 300 余名儿童，没让一个学生因家穷而辍学。

一年又一年，在张玉滚和其他老师的执着坚守中，越来越多的孩子从黑虎庙小学走出大山。先后有 21 名学生考上大学，有的还读了研究生，留在了大都市。

艰苦的环境，常年的操劳，让张玉滚显得比同龄人沧桑许多。很多次去镇里开会，不熟悉的人问他："快退休了吧？"他总是呵呵一笑。此次入围第七届全国道德模范敬业奉献模范候选人，张玉滚感慨："我愿我的人生在巍巍青山上执着坚守，我愿我的青春在三尺讲台上绚烂绽放。"

（2019 年 6 月 26 日）

回访时代楷模张玉滚 黑虎庙小学的新变化

□ 孟向东　刁良梓

"全国教书育人楷模"张玉滚给记者打来电话，言语中都是兴奋和激动："黑虎庙小学变化可大了！"

9月4日，记者再次翻越尖顶山，赶到镇平县高丘镇黑虎庙小学，远远看到鲜艳的五星红旗高高飘扬，"树百年报国志 做世纪栋梁才"几个烫金大字泛着光。走进校门，学校的二层教学楼是新粉刷的，教学楼西边的两间房就是学生餐厅……这与记者几个月前看到的黑虎庙小学简直判若两样。

今年 5 月 7 日，《河南日报》一版头题刊发长篇人物通讯《大山深处播火人》，深入报道了张玉滚扎根深山 17 年，奉献山区教育事业的感人事迹。报道引起了强烈反响，来自全国各地爱心人士的来信雪花般飞向黑虎庙小学，他们有的鼓励黑虎庙的孩子们自强不息努力学习，有的捐助了爱心书籍和文具，多家企业为黑虎庙小学捐资捐物。

为了丰富孩子们的业余生活，河南省功勋教练王随生带领"山娃足球"爱心公益团队来到黑虎庙小学，为孩子们带来心爱的足球。南阳市第十五小学与黑虎庙小学进行"手拉手"结对帮扶活动，让黑虎庙小学的孩子们享受到与城市孩子一样的优质教育。

张玉滚告诉记者，在社会各方面的关心下，黑虎庙小学的办学条件得到很大提高：校园粉刷一新，学生宿舍和教师办公室都装上了空调，学校终于有了全新的学生餐厅，孩子们再也不用坐在水泥台阶上吃饭了。

新学期开学，升入四年级的张梦霞觉得眼睛不够用了，教室里课桌和凳子崭新锃亮，老师上课还用上了一体机，"老师用手轻轻一点，好多好多有趣的知识都蹦出来了。"

张梦霞还和同学们上了一堂计算机课。老师教孩子们如何搜索自己想看的东西，孩子们兴奋极了，眼前的这块电脑屏幕似乎就是一个无穷无尽的宝藏，有无尽的精彩等待他们开启。

（2018 年 9 月 5 日）

张玉滚：让更多的孩子走出大山

□　李金玺

编者按

　　党的十八大以来，特别是去年以来，我市广大干群牢记嘱托、砥砺前行，奋力建设省域副中心城市，全市各项事业发生了巨大变化、取得了显著成绩。本报今日推出《话巨变 抒心声》专栏，深入一线采访先进典型代表、党员干部代表和基层群众代表，通过展现他们眼中的十年变迁、心中的深刻感悟和对未来发展的美好憧憬，真实反映人民群众对党的二十大胜利召开的热切期盼。

八百里伏牛，层峦叠翠。

读书声琅琅，点燃希望。

9 月 16 日，记者乘车沿着蜿蜒的山路，来到大山深处的镇平县高丘镇黑虎庙小学，探访扎根大山教书育人 21 载的校长张玉滚。

到达学校时，已是中午 11 时，张玉滚和厨师一起正在给学生们准备午饭。厨房里，电炒锅、电蒸锅、消毒柜、饮水机等各类厨具一应俱全，炒锅内冒出阵阵香气，弥漫整个厨房。

"以前厨房用的是土灶，烧柴禾，也没有专门的厨师，都是老师动手给学生做饭。"张玉滚笑着说，"看看现在，餐厅厨房就有近 200 平方米，餐厅宽敞明亮、干净整洁，还配备了厨师，菜谱一周不重复，我们不仅要让孩子吃得饱，更要吃得好。"

发生巨大变化的不仅仅是餐厅厨房。镇平县高丘镇黑虎庙小学，从占地不到 800 平方米，50 多个学生、六七个老师的"小院子"，变成了占地 2000 多平方米，105 名学生、15 位老师的一所现代化小学，新增的多媒体教室、图书室、塑胶跑道、篮球场、钢琴室……极大地丰富了孩子们的课余生活。

教育事业，关键在人。各科有了专业的专职老师，教学条件也有了质的飞跃，每位老师都配有电脑，可以在电脑上查阅资料，网上备课。"老师待遇大大提高，专门盖了教师公寓，老师们的生活住宿条件得到极大改善，教学劲头更足了。"张玉滚说。

时代楷模、全国先进工作者、全国优秀共产党员……用张玉滚的话说，荣誉属于过去，未来砥砺前行。"荣誉不属于我个人，属于千千万万扎根基层教育的老师们，时刻激励着我们继续前进。"张玉滚说，将继续扎根三尺讲台，把新的教育理念运用到教学当中，用自己的光和热，让更多孩子走出大山，成为国家栋梁之材。

（2022 年 9 月 20 日）

弯弯山路上的秉烛人

□　胡少佳

　　他，毕业后本来有机会到城市里工作挣大钱，却毅然回到山村小学任教，坚守大山深处 14 年，为乡村教育奉献着青春和汗水。他，就是镇平县高丘镇黑虎庙小学教师张玉滚。

扎根深山　点燃希望

　　镇平县高丘镇黑虎庙村居于伏牛大山深处，被戏称为镇平的"西藏"。黑虎庙小学辐射半径达 20 多公里，只有几个老教师在苦苦支撑。9 月的天很晴朗，小学师生的脸上也露出了久违的笑容，因为学校来了一个年轻的代课教师，叫张玉滚。这位"80后"的男教师，2001年毕业于南阳第二师范学校，毕业后看到山区缺教师，毅然选择了镇平深山里的黑虎庙小学。由于经济欠发达，当地许多人都到外地打工赚钱，导致大量留守儿童出现。张玉滚在外边打拼出一片天地的同窗好友，常常惦记着这个为人忠厚、执着诚信的好学弟，经常来信来电邀他出去共谋发展。"我还是不想离开这里，因为我的根就在山里，这里的孩子更需要我。"10多年过去了，张玉滚没有离开过学校，他扎根偏远乡土，固守淳朴与清贫，也守护着一份希望。

无怨无悔 教书育人

张玉滚所教年级学生的成绩在全镇名列前茅。为了寓教于乐，数学课上，他倡导运用直观法教学，让教师和孩子们一起制作钟表表盘等教具。体育课上，他将乡土游戏融入课堂，教孩子们推铁环、丢手绢等。上美术课时，他带领孩子们到校外写生，画山、画水、画树木和动物，孩子们像欢乐的小鸟，叽叽喳喳，把对家乡的热爱融于笔尖。这些年来，他用自己微薄的收入，资助了300余名儿童。大山深处的小学，大都是半寄宿制，即每天中午在学校吃一顿饭。10多年来，张玉滚和妻子默默地为学生义务做饭，无怨无悔。2006年3月，妻子在一次为学生做饭轧面时，中指、无名指被轧面机压折，妻子虽然手残疾了，却还在为学生的一日三餐忙碌着。

大爱如山　诗魂永驻

张玉滚不但在工作上任劳任怨，在生活上更是对学生体贴入微。去年 7 月，学前班有位学生叫张朋，是留守儿童，只有爷爷在家。老人腿脚不便。晚上 10 点多，他正在批改作业，老人打电话问学生为什么还没回去。挂掉电话，他立刻和妻子一起打着手电筒去找。发现张朋在回家的路上靠在一个大石头上熟睡，脸上还爬着许多小蚂蚁。他们抖掉张朋身上的小蚂蚁，背起张朋就走，把张朋送回了家。

14 年如一日的平凡，构筑起坚守的精神。张玉滚说："通向山外的路十八弯，我愿意做一轮明月，守望山村教育，照亮山村孩子前行的路。"

（2015 年 6 月 30 日）

山乡红烛引领万千孩子求学路

□　胡少佳

　　他把青春和梦想倾注于山区教育、像一支红烛照亮孩子们前进的道路；他用热情和努力，改变了大山深处孩子们的命运。他就是2014"感动中原"年度教育人物、镇平县高丘镇黑虎庙小学教师张玉滚。

大山之子只身返乡任教

　　黑虎庙村位于伏牛山深处，和南召县、内乡县交界，素有"一脚踏三县"之称。这里地处偏僻，交通闭塞，至今不通公共汽车，离镇政府所在地还有 50 多公里山路。因此，许多老师都不愿到这里来任教，而许多学生家长也为找不来老师犯愁。

2001 年 9 月，当 19 岁的张玉滚出现在黑虎庙小学的门口时，整个山村的百姓都沸腾了。毕业于南阳二师的他，看到家乡山村缺少师资，在老校长的循循善诱下，毅然选择到这所山村学校任教，做一名代课教师。用他自己的话说："我是大山的孩子，是大山养育了我。不图别的，看着自己教的学生一个个能走出大山。"

张玉滚的到来，犹如一股春风，吹进了孩子们的心扉。

河水暴涨身背学生过河

学校地处深山，学生居住分散。山路崎岖，河道狭窄。尤其是到了多雨的夏季，学生上学、回家的路都异常难行。有一天，午饭后天气突变，乌云翻滚、雷电交加，顿时大雨倾盆。到下午放学时，河水已有一米多深，张玉滚就背着学生过河。他一个一个地背，每送走一名学生，河水就涨一点。直到送走最后一个学生，张玉滚才感觉自己的脚底板有点痛，抬脚一看，只见右脚底不知什么时候被玻璃碴儿扎得鲜血直流。

山路难行，水路难蹚。山里的孩子们，父母外出打工者居多，平时都是跟着爷爷奶奶一起生活，张玉滚把这些情况都摸得一清二楚：谁家孩子在哪儿居住，谁家孩子爷爷奶奶年纪大了，谁家孩子上学需要接送…… 他都一一记在心上。

每年的课本都是张玉滚用摩托车带回来的，少则几十斤，多则百余斤。十几年来，他骑坏 3 辆摩托车，轮胎更换的次数更是数不清了。

千般磨炼成为全能教师

今年 33 岁的张玉滚已扎根深山 14 个春秋。由于学校条件艰苦，师资力量不足，张玉滚不得不把自己磨炼成"全能型"教师。数学课上，他运用直观教学法，和孩子们一起制作钟表表盘、正方体等教具；语文教学中，他优化教学环节，力争把每节课的讲授时间控制在 15 分钟以内；美术课上，他带领孩子们到校外写生。大山深处的小学生本上是半寄宿制，50 多个寄宿生都是自己做饭，年龄小的学生做的饭半生不熟，但学校又办不起集体食堂。张玉滚见状，说服在外打工的妻子回来和他一起给学生们做饭。有一次，妻子在轧面条时，中指、无名指被轧面机压折，造成残疾。但妻子一直毫无怨言，直到现在还在为学生们的一日三餐忙碌着。

张玉滚用辛勤的汗水和不倦的探索换来了不菲的成绩，所教学科的成绩在全镇一直名列前茅。他多次荣获"县乡优秀教师""优秀班主任"等荣誉称号。

日前，张玉滚被评为 2014 "感动中原"年度教育人物。面对荣誉，张玉滚说："这些都不重要，学生们能一个个走出大山，我就觉得值了！"

（2015 年 3 月 20 日）

对话"时代楷模"张玉滚

□ 魏巍

冬日的伏牛山流水轻盈，落叶如羽，沉静而充满灵气。大山深处的镇平县高丘镇黑虎庙小学像往常一样情意融融，书声琅琅。今年上半年，张玉滚扎根深山奉献教育的感人事迹经宣传报道后，在全社会引起强烈反响，他个人获得了诸多荣誉，学校条件也得到了改善。12月初，我们再次驱车到黑虎庙小学，与张玉滚同吃同住同劳动，敞开心扉，畅所欲言，探寻他志存高远、无怨无悔的理想信念和吃苦耐劳、不畏艰险的奋斗历程。

担当

记者： 出入黑虎庙村的山路崎岖险峻，我们来的时候深有感触。当年的情况肯定比这更艰苦，听老辈人说"上八里、下八里，还有一个尖顶山；羊肠道、悬崖多，一不小心见阎罗"。你当时是怎么下定决心留下来的，面对这样艰苦的环境，这 17 年里你后悔过自己的选择吗？

张玉滚： 我自己也是山里人，山里的苦我都知道，可是我不留下，孩子们就要失学。我们这里偏僻、贫穷，几乎没有年轻人愿意来，孩子们没有老师带，不读书不学知识，就永远不可能走出大山，人生也失去了更多可能，还会在这里受苦受穷。我自己本身是从山里出去的，当时山里走出一个中专生、高中生都很少，而且我还是师范专业，就应该投身教育，学以致用，在最需要自己的地方体现价值，所以我就决心回到学校（任教）。

2001 年从南阳第二师范学校毕业，跟着老校长吴龙奇回到黑虎庙小学，学校仅有一座破旧的两层教学楼、一栋两层宿舍楼、三间平房，走进自己当年上课的教室，映入眼帘的依然是"破桌子，破水泥台子，里面坐着十来个土孩子"。做一名民办教师，每月是 30 块钱补助，年底再分 100 斤粮食，有时还发不及时，养家糊口都成问题。当时父母希望我能到城市去发展，同学们也相约到南方打工，都说"去外面干什么不比在大山里强"。我那时候也反复考虑，前半夜想想自己，后半夜想想孩子，思来想去，都走了，孩子们咋办？最终我还是坚持了下来。后来我教的学生有许多考上了大学，还有的念了研究生，走出了大山到外面发展，找到好的工作岗位，我就觉得当初的选择没错，吃那点苦都值得。

背景介绍：镇平县高丘镇黑虎庙村地处深山区，是深度贫困村，交通闭塞，物资匮乏，平原的老师大都不适应这里的环境，调来留不住，哭着不愿意来。17年来，黑虎庙小学的老师换了一茬又一茬，只有张玉滚无怨无悔工作在教育第一线。艰苦的环境，长年的操劳，让张玉滚显得比同龄人"老相"得多，38岁的人看起来像是50多岁，但他从不把自己的得失放在心上。张玉滚深知要想刨除穷根，改变命运，必须从教育开始，立志通过自己的努力，用自己的坚守放飞孩子们的梦想。家长们提到他，总会激动地说："玉滚在，我们的孩子就有希望。"

奋斗

记者：留下来就担起了责任，想要长久坚持并把孩子们带好非常不易。教学上，学校人手不够，你要一人分饰多角；生活中，孩子们年纪尚幼，你要又当爹又当妈，面对许多意想不到的困难，你是怎么克服的？

张玉滚：要么不做，做了就要做好，条件再差，各门课程也要教，都要教好。刚来学校的时候，总共有6名老师，其中4名面临退休，当时全校有100多名学生。语文、数学、英语、品德、科学，每一样我都准备，有需要我就教，不耽误一节课，千方百计上好每一节课。数学课上，我和孩子们一起制作圆规、表盘、正方体等教具；缺少体育设施，大课间时，我就和孩子们围成一圈玩斗鸡；为了教好英语，我自己买来磁带录音机反复练习；科学课上，我带孩子们去野外考察，自己动手做实验，激发他们热爱大自然探究大自然的兴趣。

很多学生都是父母在外打工的留守儿童，在学校寄宿，所以除了教学，还要关心他们的生活。因为年纪小，吃饭、穿衣、看病各个方面我都得考虑到。以前学校没有钱雇厨师，我软磨硬泡，把正在外地打工的妻子张会云喊回来给学生做饭。我还在办公室备着药箱、针线包，学生们感冒发烧了，扣子掉了，我都得能帮他们。还有课桌坏了、灯坏了、漏水了之类的小事我都要能够应付。

2006 年以前的山路跑不了车，学习用品还有油盐酱醋、蔬菜大米，全靠人走着山路挑回来，老校长就这样挑了几十年，后来把扁担交给了我。还记得有年冬天特别冷，山里潮气大，我和路喜安老师正月初十凌晨三点多出发去高丘镇上拿书，半路上下起雨，在一个山洞里坐了一夜。2006 年，通往黑虎庙的公路修好了，因为山高路险通不了客车，很多村民买了摩托车、机动三轮，我也省吃俭用置办了一辆摩托车，再也不用肩挑背扛了。但是经常驮着几十上百斤的东西，加之路况不好，摩托车损耗大，几年下来就骑坏了 4 辆摩托车，轮胎更换的次数多得数不清了。

背景介绍：张玉滚常说，"给学生一瓢水，老师要有一桶水"。为了保证教学质量，多年来，他在教中学、学中教，无论再忙再累，都不忘学习。目前他已经自学完成大专课程，正在自学本科课程。很多学生是留守儿童，跟着爷爷奶奶，还有的是单亲家庭，张玉滚摸清情况，随时关注孩子的心理变化。此外，据黑虎庙村党支部书记韩新焕讲，张玉滚虽然收入微薄，但他17年来资助过的学生就有300多名。

无私

记者： 我们常说"自古忠孝不能两全"。人到中年，你也像别人一样上有老下有小，却一心扑在工作上，能不能够做到事业家庭两边兼顾呢？

张玉滚： 17年来，我竭尽所能，没有耽误过学生一节课。

对于家人，我确实有些亏欠。我自己有一儿一女，因为没时间照顾，我把两个孩子都送到县城寄宿学校，两周接一次。去年冬天的一个下午，该接孩子了，因为学校事情多，我一直忙到天黑才赶过去，看着孩子在寒风中瑟瑟发抖，我忍不住掉下了泪。

我家中兄弟姊妹五人，我排行老三，是母亲最疼爱的那个。她知道我工作忙，学校事情多，总是默默地支持我。每次家里有事母亲总是说，你忙你的吧，家里有我。

2006年秋期刚开学，大批书本我已经带到学校，后来又添了几名学生，所以缺了十几套书。开学初学校也比较忙，我脱不开身，妻子就抱着9个月大的女儿到镇上帮我买书。回来时，妻子乘坐邻村一辆三轮车出了车祸，我们的女儿不幸在车祸中去世了，到现在想起女儿胖乎乎的脸庞，我还总是落泪。

背景介绍： 2006 年，经历女儿的车祸以后，张玉滚和妻子非常伤心，本想离开黑虎庙小学，乡亲们多次到家里安慰他们，他们也放不下这些学生，最终还是留了下来。2014 年 5 月的一天，张玉滚的妻子张会云在为学生们做饭轧面条时出了意外，右手手指被机器轧折，鲜血淋漓。等赶到县医院，已错过最佳治疗时机，落下了残疾。为了支持丈夫的工作，为了山里的学生，没过几天，她就重新出现在学校，炒菜、做饭都换成了左手。2017 年秋天，张玉滚的母亲癌症晚期，在南阳市住院，家里人知道张玉滚工作辛苦，再来照顾老人力不从心，独独瞒了他一个人。等他接到弟弟的电话匆匆赶到医院时，母亲已经去世了。

坚守

记者： 有很多人出了名之后变化很大。最近你的事迹被越来越多人知道以后，你也获得了极高的荣誉，受到社会各界的赞美，各家媒体也来采访你，号召大家向你学习，你也要去参加各种颁奖活动、报告会，这给你带来了哪些改变？

张玉滚： 得了荣誉之后，我的感觉还是不忘初心吧。很多人来关心帮助我们，给学校带来了很多好的变化。南阳市十五小、十二小和我们黑虎庙小学成为结对帮扶学校，我带着学生们去十五小参观，开了眼界，孩子们对未来的期待就不一样了。

在上级的关怀下，通过考试和调整，今年 9 月，黑虎庙小学新入职了 4 名老师，全校教师已有 10 人。南阳市教育局给我们捐赠了 30 台电脑，配备了全县第一家多媒体教学"梦想教室"，我们也将每周一节电脑课、一节梦想教室课列入课表。厨房新贴了瓷砖，添置了冰柜、消毒柜，孩子们吃饭也有了大餐厅。校园里铺设了既防滑又渗水的地砖，校园外还建了 200 米的塑胶环形跑道。

现在教师多了，我作为一名校长，除了考虑教好自己的课，还要做好学校的管理，把老师们的积极性充分调动起来，把硬件设备的作用发挥出来，让学校运转得越来越好。最近我正在谋划培训计划，尽快让老师们通过到教师进修学校、参加网上"国培计划"，接受全科教师培训。另外通过远程观摩学习南阳市十五小的教学；请市十二小的老师来指导体育、美术、音乐课；充分利用远程教育和网上课件，展开素质教育；到明年暑假，带一批孩子到郑州陈中教育集团参加夏令营。有了大家这么多关心支持，孩子们一定会成长得越来越好。

背景介绍：据镇平县委有关负责同志介绍，过去半年来，政府筹资加上社会捐助，已投入 300 多万元用于改善黑虎庙小学的办学条件，基本赶上了城里公立学校的硬件设施。受益于易地扶贫搬迁，高丘镇深山里的农户陆续搬出大山过上新生活，山里学校的生源就相应不断减少。上学期，黑虎庙小学还有 75 名学生，现在只剩下 51 名。县里打算把黑虎庙小学建成模范寄宿制学校。同时，兴建教师周转公寓，统一盖成两室一厅，家具、电器齐全。还要落实山区教师补助政策，尽可能地创造条件，留住老师，使他们安心扎根。

心有榜样，见贤思齐。两次到黑虎庙小学实地采访张玉滚老师，我都提前做足功课，提高工作效率，见面以后认真聆听，仔细记录，用心感悟张玉滚老师"把别人的幸福当作自己最大的幸福"的高尚价值追求。

榜样的力量催人奋进，我将认真学习张玉滚老师不怕吃苦、乐于奉献的精神，锤炼本领，努力奋斗，聚焦南阳独特鲜明的文化魅力、改革发展的生动实践和人民团结奋进的精神风貌，用心、用情讲好新时代的南阳故事，更多更好地传播正能量、凝聚精气神。

（2018 年 12 月 10 日）

张玉滚以校为家 假期坚守护校

□　　赵珊珊

马上就要过年了，镇平县高丘镇深山处的黑虎庙小学校长张玉滚却一刻也没有闲着，为学生补课、给困难家庭送去米面油、维护修理学校旧设备，还得充当护校驻守在学校。

1月30日，记者来到黑虎庙小学，正巧遇到张玉滚为困难学生家庭送去米面粮油等生活用品。家长张振国说，因为家庭困难，孩子都出去打工了，他和妻子老两口带着孙子孙女就住在这两间简陋搭建的竹棚里，张校长看他们过得艰难，就时不时地送来温暖。

这一年来，黑虎庙小学旧貌换新颜，张玉滚打心里高兴，他说，现在学校的每个教室，都新装上推拉式黑板和液晶显示屏，上课也用上了一体机，让深山里的孩子们与城里的同龄人一样，享受着先进的远程教学。但这些宝贵的财产得来不易，保护工作也一刻不能放松，张玉滚就主动承担起假期护校的工作："放假了以后，学校的公共财产得看管好，假期护校工作也是特别大的任务，所以我和妻子都义务把这个事给承担起来。"

张玉滚假期驻守在校园不仅看管学校贵重物资，还挂灯笼、贴窗纸、写春联、打扫卫生……学校里到处都充满了新春的气氛。他说，虽然这一年感觉肩上的担子更重了，但是社会各界的关心，让他确确实实从心里感觉到这个新年一定过得更好："我对学校的发展充满了信心，所以假期都在筹划着来年开学需要准备的东西，为下学期的开学做好准备。2019 年，希望我们的老师能够工作顺利，家庭幸福安康，祝学生们能够快快乐乐学习，健康成长。"

（2019 年 2 月 2 日）

扎根深山　做孩子们的"筑梦人"

□　谷婷婷

　　他不忘初心，主动放弃在城市工作的机会，扎根深山 19 年，矢志不渝奋斗在乡村教育一线；他爱岗敬业，学校师资紧缺，他潜心钻研每一门课程，苦练教学本领，千方百计上好每一堂课；他无私奉献，为寄宿学生缝衣做饭，对困难学生慷慨解囊；山区不通车，他用扁担把学生教材和学习用品挑进大山，用无怨无悔的坚守和付出照亮山区孩子们的求学之路。他就是河南省镇平县高丘镇黑虎庙小学校长——张玉滚。

"我从教已经 19 年了，因为当老师能够给学生传授知识，让他们用知识改变命运，成为国家的栋梁。"

从老校长手中接过扁担时，学校只有 13 间土坯房，没有操场，师资力量也较少。当时，张玉滚看着学校里的学生，那一双双明亮的眼睛里渴求知识的眼神，心里充满了心酸。"把砖头垒成灶台，顶多能用十年八载，但是学校里的一位教师，能够传授学生知识，让学生用知识改变命运，并能受用终生。"老校长的一番话坚定了他留下来的决心。

从教十几年来，最让张玉滚印象深刻的是用扁担挑书。"从我们学校到镇上，路是不通的，每到新学期开学都要走 50 多里的山路，挑着扁担到镇上挑书。记得有一次，挑着书走在半路遇到了下雨，生怕书本被雨水淋湿，就在路边的山洞里过了一夜。"张玉滚说，当时他也想到过放弃。

说起学生，张玉滚最是感动："暑假，我教过的学生们回到了学校，他们走出去之后，每年假期都会回来看看。"

在大山里教书，刚开始张玉滚的家人很不理解，因为初来到学校，他每个月的工资只有 30 元钱。后来，看着学校里的孩子一批批走出去，家人也慢慢地开始理解他从事的这个行业。"非常感谢我的家人，这些年来一直支持我。"

经过这么多年，如今的黑虎庙小学跟以前相比，变化可谓是翻天覆地。"最初，来到学校的时候，学校条件非常简陋，这些年来，学校的面貌可以说是焕然一新。"张玉滚说，学校有了新的教学楼、综合楼，校园前面也新建了标准化的操场，内部设施也比较齐全。

"学生们能够用知识改变命运，一批批走出去，找到好的工作岗位，这让我觉得从事教师这个职业是非常幸福的。"说起教师这个职业，张玉滚说可以用勤勤恳恳、兢兢业业、孜孜不倦，这三个词来形容。他觉得教育最美的样子就是桃李满天下。

（2020 年 9 月 10 日）

深山红烛 照亮希望

一个人遇到好老师是人生的幸运，一个学校拥有好老师是学校的光荣。在河南南阳镇平县就有一位叫张玉滚的老师，他扎根大山17年，默默地奉献着自己的青春年华，带给孩子们希望和温暖。南阳市镇平县高丘镇黑虎庙小学校长张玉滚：这是油桐树的叶子，这个是紫青藤，阴暗潮湿的地方比较多。这是黑虎庙小学五年级学生的校外科学课，给学生上课的正是张玉滚，拿着各种树叶如数家珍，这是他独创的"写生式"教学法。除了按照教材教孩子们采集和制作标本，张玉滚还现场延展讲解各种植物生长环境，甚至有一些中药材知识。而在科学课实地教学外，针对数学、英语等学科缺乏的教具，张玉滚就根据孩子们的喜好，用废旧物品自己动手制作。

南阳市镇平县高丘镇黑虎庙小学学生丁新保：这样很有意思，可以与大自然亲密接触。张玉滚：通过大自然活生生的课堂，能够激发学生的学习兴趣，再一个也是没办法中的办法，因为科学的教具、学具不全。河南南阳镇平县黑虎庙村地处伏牛山深处，属于深度贫困村。2006年前，教材都是用一根扁担，需翻山越岭地走十几个小时挑回学校。虽然师资匮乏、条件艰苦，但张玉滚总是想尽一切办法提高教学质量，学校条件差，但教学成果并不差。

南阳市镇平县高丘镇黑虎庙小学老校长吴龙奇说道：我们是最深山的学校，但是成绩在高丘，整个全乡比，我们都占在前几名。老校长说，张玉滚当年是全村历史上唯一一位考上中专的人。2001年，21岁的师范毕业生张玉滚本打算外出到沿海地区寻求青春的梦想，但出发前，老校长的一个电话让设想的一切发生了改变。张玉滚：来到学校，来到的正好是三年级的教室，当时里面坐了十五六个学生，也没有老师照顾，学生说因为我们现在还没有老师。孩子们渴求上学的眼睛深深触动了张玉滚，他当即答应老校长成了一名代课老师，虽然直到2012年才获得正式的教师编制，但这一干就是17年。

吴龙奇：出去打工一个月可以挣几千块钱，他放弃几千块钱不挣，愿意拿几十块钱在黑虎庙当一名教师，让黑虎庙的孩子有学上，让家长觉得有希望。教具缺乏就自制，师资不足就多肩挑，17年来，学校的老师换了一茬又一茬，只有他从未间断地一直教。每学期都至少承担4门以上的学科，"不耽误一节课，千方百计上好每一节课"，这是张玉滚给自己定下的"铁规矩"。从教17年来，他把每一个学生都当作自己的孩子。

南阳市镇平县高丘镇黑虎庙小学学生周子凌：有一次我忘记拿被子了，张校长就给我买了一套被子。南阳市镇平县高丘镇黑虎庙小学学生张荣菊：有一次奶奶的腿疼，张校长就过去给我们一起做饭。17年里，张玉滚相继资助了300多名学生，没让他们因贫困而失学，还有21个孩子考上了大学。

如今，让张玉滚感到更高兴的是，随着政府对教育投入的逐年加大，黑虎庙小学的教学环境也在不断改善。2017年，新建的宿舍楼投入使用，2018年9月，黑虎庙小学的多媒体教学设施正式投入使用，黑虎庙小学紧缺老师的美术、音乐等科目，都可以通过互联网让孩子们学习到全国的优质公开课。

张玉滚：这种教学改变了传统的教学模式，我也在不断学习。我想让学生们不断学到更多的知识，能够改变他们的命运，能够一批批走出大山，为国家多做贡献。

（2019年1月2日）

点燃深山孩子的希望

今天的节目先看一段视频：这是河南省镇平县黑虎庙小学的孩子们，这节是科学课，这节是数学课，这是孩子们在上英语课，这是体育课。您发现没有，不同的孩子上不同的课，但老师却始终是同一个人。他叫张玉滚，是这所小学的校长，已经在大山深处的黑虎庙村当了17年的老师。

张玉滚毕业于南阳第二师范学校。他之所以变成一位全科老师，完全是出于无奈。对于这一点，黑虎庙小学已经退休的老校长吴龙奇最能说清其中的原因："因为这是深山区，教师调不来。海拔 1300 米，冬天大雪封山了，都不能走人了；暴风骤雨不能走人。平原调来留不住，也调不来，调教师来这里教学，有的哭都不来。"

黑虎庙小学所在的镇平县是国家级贫困县，而黑虎庙村又在伏牛山的深处，想进入这个学校必须经过上山八里、下山八里崎岖的山路才能到达。这里的人想到最近的一个镇上去，单是车程都要将近两个小时，而且这里到现在还没通公共汽车，所以很多人不愿意来到这里任教，但是张玉滚却来到了这里。

张玉滚说："自己本身是从山里出去的，当时山里走出一个中专生、高中生都很少，所以我就决心回到学校 (任教)。"

张玉滚 2001 年刚开始任教时，由于没有教师编制，只能做一名代课老师，工资只有 30 块钱，家人都不同意他回来。直到 2010 年，他依然是个代课老师，工资也只有 80 块钱。在这期间，有朋友叫他出去打工，为此他也曾产生过动摇。

当初和张玉滚一起代课的几名老师，都因为待遇低、条件差，陆陆续续地离开了这里。张玉滚说："老校长上门做了很多次的工作，另外我也到学校里看，确确实实当时是 6 名教师，4 名面临着退休，当时学校是 100 多名学生。说你得去，不去咱们这个学校就开不了学。留住了教师就留住了学校，留住了教师就留住了血脉，假如说这里没有老师，好多学生都面临着辍学。"

为了老校长的心愿，张玉滚决定留下来。不仅他自己留下了，他的妻子也留下了。当时，学校有四五十名寄宿生，没人做饭。请炊事员，学校没有钱，所以张玉滚就把妻子也动员了过来。

当时张玉滚的妻子张会云在外打工每个月还能挣千把块钱，留在学校是一分钱都没有，两个人只能靠张玉滚每个月当代课老师挣的几十块钱勉强度日。张会云用左手劈柴、左手切菜，但是她并不是一个天生就用左手的人，而是几年前她给学生做饭时，右手的三根手指被轧面机轧断了，不得已才用的左手。

由于这里有 1/3 的学生是留守儿童，还有将近一半的学生是建档立卡贫困户的孩子，所以在校生一半以上的学生都会选择住校。

张玉滚在黑虎庙小学这 17 年里，除了寒暑假和周末学生不在校的时候，他会回家，剩下的时候他都是和妻子住在学校照顾学生。看到张玉滚这张脸，你猜他年龄有多大？张玉滚说："我是 1980 年生的。说到这就有个笑话，我到县城他们都说你该退休了吧？"

2012 年镇平县为了解决山区教育问题，特批了几个正式的教师编制，不过老校长吴龙奇并没有把名额给自己也是代课老师的女儿，而是给了张玉滚。他说："我退了，因为你干（校长）我放心。只有你干，山区的孩子有学上。你这几年当校长，你把这所学校坚守下来，坚持下去。只有这样，山区的群众有希望，孩子有出路，我自己一生也是这样做的。"

张玉滚没有辜负老校长的心愿，没有让一个学生因为贫困而辍学。他就像他给孩子们上科学课里讲的滴水穿石一样，不断地提升这所小学的教学质量，让学生成绩在全镇考试排名中名次靠前。学校的光荣榜上，是张玉滚曾经的学生们。他们从这里起步，有的考上了兰州大学，有的考上了四川大学。

在张玉滚的感召下，同样是"80后"的张磊，2014年放弃了深圳的工作，带着女朋友回到了黑虎庙小学。

张磊说："张老师曾经教过我，他这种敬业奉献的精神确实对我的影响很大。我（觉得）应该像他一样扎根深山。"

现在张玉滚已经由一名代课老师，变成了一名正式的在编教师，工资也涨到3000来块钱，还获得了很多荣誉。张玉滚继承了老校长的心愿，他也希望有人继承他的心愿："我的心愿就是希望更多的老师走入山里，为咱山区孩子传授知识。"

张玉滚老师今年被中宣部命名为第四批全国岗位学雷锋的标兵，他是50位标兵中的一员。他们都是以一己之力去帮助别人，完成心愿。今年中宣部还命名了50个全国学雷锋活动示范点，这些示范点是以团队的力量去帮助别人，完成心愿。西北师范大学的"'爱·尚'微公益"组织就是这50个全国学雷锋活动示范点当中的一个。

"'爱·尚'微公益"是2013年由西北师范大学学生发起的、学校扶持的一个公益项目。这次他们来到甘肃省东乡族自治县春台学校，收集孩子们的心愿。

春台学校所在的东乡族自治县是国家级贫困县，而它所在的春台乡又是深度贫困乡。一个书包、一个卷笔刀、一个文具盒，对于有的孩子来说这算不上什么心愿，而对于这里的孩子们来说，每一个心愿都非常珍贵。这次志愿者们收集了156个心愿，覆盖了春台学校的所有孩子。

牵线搭桥说得容易，但做起来难。山区的孩子与城市的孩子不同，他们见到陌生人很少说话，甚至不说话。想要了解他们的心愿，首先需要一段时间的相处才能沟通。心愿收集之后还要经过烦琐的录入与核实，然后才能发布。他们一般会首先在网上发布，利用网络的速度尽快号召朋友一起加入。但是毕竟他们认识的人数有限，所以有时一些愿望没人认领。

西北师范大学"'爱·尚'微公益"项目发起人丁岩说，还有将近有 120 个左右心愿没人认领，他们会继续发动自己的力量，发动自己的朋友在微博和微信上多多转发，也会尽快把线下的拍卖心愿墙展示出去。心愿墙是志愿者们另一个心愿发布平台，通过它可以号召更多不相识的人来参与其中。

"'爱·尚'微公益"不仅仅是单向为受益方找到捐助方，它更是一个双向的纽带，可以为捐助方找到受益方。一位捐助人早就买好了想送给山区孩子们的物品，但是他却不知道具体该送给谁，在志愿者的帮助下，他的心愿实现了。

当志愿者收集完所有的物品，送到春台学校时，孩子们非常兴奋。

8 岁的小女孩马法土麦，她的心愿是吃一块蛋糕，因为她没吃过蛋糕。

丁岩说："我的心愿就是，希望更多的孩子都不用去体会我小时候非常想吃生日蛋糕，但是又没有生日蛋糕的那种遗憾。在 18 岁那一年我才第一次吃到自己的生日蛋糕，前两天在收集她的心愿的时候，我很快就帮她认领了这个心愿。"

丁岩得到的是马法土麦给完家人和老师后，自己还没吃，却给他先吃的一块蛋糕。马法土麦的脸上被抹上了奶油，她开心地笑了。

志愿者们在帮助别人的同时，也收获了内心的温暖。志愿者陈红娟说："他会抱着你或者由衷地跟你说一声谢谢姐姐，我觉得那个谢谢跟其他各种场合当中你所感受到的那种谢谢，那种分量是完全不一样的。"

从 2013 年"'爱·尚'微公益"创立至今，已经收集了 36000 多条心愿，为近万名孤寡老人、经济困难学生、留守儿童、疾病患者送去了爱心。

西北师范大学团委副书记巨生良表示："（我们）鼓励青年学生从身边小事做起，在这个过程当中，能够实现青年学生传递爱心，成长成人，关爱社会，达到担当责任的这样一个目的。该项目目前已经成为我们新时代条件下推动学习雷锋活动时代化和常态化的有效途径，也成为培育和践行社会主义核心价值观的有机载体。"

雷锋精神的核心是奉献，是从小事做起，从点滴做起，或是在岗位上尽职尽责，为事业奉献，或是助人为乐、热心公益，为社会奉献。无论是张玉滚老师，还是西北师大的学生们，他们都在一个又一个平常的日子里奉献着自己，帮助着别人，实践着雷锋精神，也收获了心灵的丰满。

（2018 年 9 月 4 日）

照亮大山深处的求学路

央视网消息（焦点访谈）：今天是教师节，祝全体教师们节日快乐！教师是人类灵魂的工程师，是人类文明的传承者。对我们来说，人生中会有相当长一段时间，要在老师的教导下学知识学道理，要在老师的画笔下绘就人生的底色。一个人遇到好老师是人生的幸运，一个学校拥有好老师是学校的光荣。在河南镇平就有一位叫张玉滚的"80后"教师，扎根大山17年，默默地奉献着自己的青春年华，带给孩子们希望和温暖，成为我们的"时代楷模"。

正在给学生上英语课的是张玉滚，他是河南省南阳市镇平县高丘镇黑虎庙村小学的一名老师，也是校长。英语课上，他注重互动，鼓励学生大胆开口。

在本学期新开学的交通规则课上，他在教学中注重体验，还原现场，让学生在生动活泼的课堂上，轻松快乐地来掌握常识，加强记忆。

张玉滚在教学中注重实践，科学课，他会带着学生深入大自然，就地取材，现场辨别岩石的分类，花蕊的雌雄等自然科学的常识。

黑虎庙村地处伏牛山深处，属于深度贫困村，由于经济基础差，生存条件艰苦，许多老师都不愿到这里任教，有的即使来了也根本留不住，师资极其匮乏。在这种情况下，有老师能来而且能完成教学任务已属难得，更别说提高教学质量了。

而张玉滚总是想尽一切办法提高教学质量。自制教具、现场教学都是家常便饭。作为一名全科老师，除了语文、数学、英语这三门主课外，音乐、体育、美术等副课他也带，什么都教。

实际上，张玉滚当年是全村人的骄傲，1998年他是全村历史上唯一一位考上中专的人，就读于南阳市第二师范学校，在当时可谓是村里的秀才。2001年毕业后，他回到本村，成为黑虎庙小学一名代课老师。

张玉滚返乡回归，解决了学校的燃眉之急。但由于没有教师编制，张玉滚只能算是一名村小学临时代课老师，每月也就拿到30元的工资，而这个钱还得是村里能挤得出来才能到手。

就这样，张玉滚拿着每月 30 元的工资干了 5 年，到 2006 年工资上涨到了 80 元，但还是难以维持生活需要。这期间，他几次都想过辞职不干了，准备去县城打工。

有一次张玉滚动真格的了，他找到了当时的校长吴龙奇。老校长告诉他，做事要多坚持，贵在坚持，才能有盼头，张玉滚因此打消了辞职的念头。

此后，张玉滚以临时代课老师的身份，一干又是 6 年，直到 2012 年他才获得了正式的教师编制，工资涨到了 1000 多元。11 年来，他以临时工的身份一直坚守着这块阵地；17 年来，学校的老师换了一茬又一茬，也只有他从未间断地一直从教。

现在，张玉滚的工资已经从 1000 多元涨到了 2700 元，此外，每个月还有国家农村教师补贴 500 元，县财政深山教师补贴 500 元。虽然 2014 年张玉滚接替老校长成为黑虎庙小学的校长，但他一如既往地踏实肯干，苦活累活迎难而上。

黑虎庙村距离镇政府所在地 30 多公里，2006 年以前，黑虎庙人要想走出大山，得沿着山脊上牛羊踩出的小道，翻越海拔 1400 多米的尖顶山，再穿过险峻难行的八里坡。走到高丘镇，通常需要 10 个多小时。老辈人说"上八里、下八里，还有一个尖顶山；羊肠道、悬崖多，一不小心见阎罗。"这里山高路险，坡陡弯多，交通十分闭塞不便。但是在黑虎庙小学，每学期开学前，最重要的事情就是去镇上运送教材。过去都是老校长用扁担扛回来，后来张玉滚主动请缨，担此重任。

老校长说："2003 年的正月初十，我叫他去高丘镇取书本，结果他走了之后，这山本身山高还下着雨夹雪，他怕把书淋湿，把自己的外罩脱了，给它（扁担）两头的袋子盖住。"

张玉滚说，这个扁担，可以说是学校的老家当，是传家宝，每年的书本、作业本都是靠这根扁担担回来。

2006年，通往黑虎庙的公路修好了，山里人的出行方式有了改变。张玉滚也买了一辆摩托车，去镇上给学校买米、买菜、拉教材，再也不用肩挑背扛了。近两年生活条件改善了一些，张玉滚又花了几千块钱买了辆面包车为学校服务。村民们说："这个人是个好人。在学校是个校长，是个最好的人。"

黑虎庙小学辐射半径达20多公里，服务1700多个群众，学校虽说在村里的中间位置，但黑虎庙村下辖的13个自然村，却零星分布在方圆十几公里的带状山坳里，住得远的学生步行要3个小时才能到，加之部分孩子是留守儿童，因此学生基本上都寄宿在学校，张玉滚也就成了学生生活上的老师，担负起了孩子们的饮食起居，学生们的一日三餐、头疼脑热他都照顾得无微不至，还为孩子们准备了一个药箱。

一位学生家长说："张玉滚这个老师确实不错，对我们孩子照顾得很好。我去年没在家，出去打工去了，孩子有时候发烧了，张玉滚给他煎煎药，有时候还送到家。"

张玉滚视生如子，他关心学生的学习生活，更关切孩子们的未来。在山村，以前经常有孩子辍学，原因也各不相同。但张玉滚都会想方设法进行劝说，做到不让一个孩子在他眼皮底下辍学。

一位学生家长说："她（孩子）就是嫌路远不好走。孩子耍脾气说，山上的路不好走，上学太难了，不上也行。要不是张老师劝她，兴许她现在都没有在上学。"

另一位学生家长说："我孩子在上二年级，家庭困难得很，我不想让孩子上学，孩子也不想上。他（张玉滚）说你抚养不起了，我给你帮忙一部分，给你分担一些压力。俺们孩子上二年级的书钱，五块钱，是他给我们交了三块钱，俺们自己拿了两块钱，这是一学期的学费（书费）。"

如今，当初不愿上学的这两位学生都已经考上了大学，张玉滚也是得偿所愿。张玉滚在村小学工作了 17 年，先后教过 500 多名学生，现在已有 21 名大学生。

张玉滚以这些优秀的学生引以为骄傲，也以现在正在学校读书的孩子们走出大山作为他前进的动力。

张玉滚说："有句话叫知识改变命运，我们当地土语叫提气，就是好像自己的资本，这个意思是资本。你学了知识以后，这个知识谁也给你拿不走。"

扎根大山深处，坚守三尺讲台，潜心教书、用心育人，不愧为时代楷模。张玉滚说，他愿做十八弯山路上的一轮明月，照亮孩子们的前程；也希望孩子们好好学习，用知识改变自己的命运。这也是许许多多乡村教师共同的愿望。百年大计，教育为本；教育大计，教师为本。教师，承载着传播知识、传播思想、传播真理，塑造灵魂、塑造生命、塑造新人的时代重任。张玉滚是教师队伍中的佼佼者，而这样的教师越多，我们的孩子就有更多希望，我们的未来就有更多光明。

（2018 年 9 月 10 日）

风雪担书梦 拳拳赤子心

□ 张曦

人物档案

张玉滚，男，1980 年 12 月生，中共党员，现任镇平县高丘镇黑虎庙小学校长。2001 年毕业后，他选择到伏牛山深处的黑虎庙小学工作，一干就是近 20 年。他默默付出不求回报，只为改变山里娃的命运，托起大山的希望，先后获得"全国师德标兵""全国教书育人楷模""时代楷模""感动中国 2018 年度人物""全国五一劳动奖章""中国青年五四奖章""全国敬业奉献模范""全国先进工作者"等荣誉。

渴求的眼神让他决定留下

11月24日，张玉滚作为"全国先进工作者"，在北京人民大会堂受到中央领导人的亲自颁奖。近日，记者再次来到黑虎庙小学，发现这里有了翻天覆地的变化。"最初来的时候，学校条件非常简陋；这些年来，学校的面貌可以说是焕然一新。这些都离不开同事们的共同努力和社会各界的关爱。"张玉滚说。

2001年，张玉滚从南阳第二师范学校毕业，作为一名从大山里走出来的优秀人才，父母希望他能到城市发展。但黑虎庙小学的老校长吴龙奇找到了他，"玉滚，泥巴砖头垒个灶台，顶多能用个十年八载。咱们教学生认的每个字，学生们能用一辈子。"

跟着老校长回到只有13间土坯房的学校，走进自己当年上课的教室，映入眼帘的依然是"破桌子，破水泥台子，里面坐着十来个土孩子"。而眼前最困难的，是没有老师教这些"土孩子"。看着孩子们清澈无邪、渴望知识的眼神，张玉滚鼻子突然一酸。他仿佛看到了自己小时候的模样，难道就因为没有老师，他们小小年纪就要失学吗？就这样，21岁的他成了一名每月拿30元钱工资、年底再分100斤粮食的代课教师。得知张玉滚留下的消息后，乡亲们都说，玉滚回来了，娃们就有希望了。

默默付出坚守平凡岗位

黑虎庙村位于伏牛山深处，这里位置偏僻，当时路还没修好，每到新学期开学，张玉滚都要走 50 多里的山路，拿着从老校长手中接过的扁担到镇上担书，一担就是 5 年，把学生的课本、文具挑进了大山。

"千方百计上好每一节课。"这是张玉滚给自己定下的铁纪律。学校条件艰苦，师资力量不足，张玉滚就把自己打造成了全能型老师。如今，已是校长的张玉滚，还同时担任着数学、英语、品德与社会、科学四门学科的教学工作。2017 年，在当地政府的资助下，学校新盖了宿舍楼，张玉滚又当起了生活老师，照看学生的饮食起居。他每天凌晨 5 时起床，晚上等孩子们入睡后，还要在灯下备课，直到凌晨。多年来，张玉滚所教年级学生的成绩，在全镇名列前茅。

做一轮明月照亮山乡未来

19 年来，黑虎庙小学已经走出了 500 多名学生，学校也有了新的教学楼、综合楼、宿舍楼，校园前面也新建了标准化操场，这个学期还新增加了音乐教室，内部设施也比较齐全，这让张玉滚的干劲儿更足了。

"在人民大会堂接受表彰，聆听习近平总书记的讲话，让我激动万分，真切体会到劳动最光荣、劳动最崇高、劳动最伟大、劳动最美丽。今后，我将把会议精神同山区教育相结合，继续发扬艰苦奋斗精神，在自己的工作岗位上任劳任怨、勤勤恳恳、爱岗奉献，做照亮山村孩子走出大山的一轮明月，做他们前行路上的筑梦者，让他们用知识改变命运，成为国家的栋梁。"张玉滚说。

（2020 年 12 月 30 日）

致敬，时代楷模张玉滚；
致敬，"四有"好老师

□ 薛宝生

作为中国优良传统，教书育人、尊师重教一直在鞭策人、鼓舞人、激励人。在第34个教师节到来之时，我们用心灵触摸感受"教书育人、尊师重教"这八个字，顿觉沉甸甸，意深深，暖烘烘，亲浓浓。教师，永远是天底下最受人尊敬的职业，广大教师燃烧自己、照亮别人的蜡烛精神，每时每刻都在为国家和民族的未来带来希望，增添动力。而教书育人、尊师重教，更是社会文明进步的显著标志。走进新时代，教书育人、尊师重教更加蔚然成风。

9月7日晚，中共中央宣传部在北京向全社会公开发布河南镇平县高丘镇黑虎庙小学校长张玉滚的先进事迹，授予他"时代楷模"称号，引发出亿万国人的点赞声。我们知道，"时代楷模"是一个具有特定含义的概念，其称号非一般意义。简单说，"时代楷模"就是由中共中央宣传部集中组织宣传的全国重大先进典型。从这个角度看，"时代楷模"有"两个充分体现"。即：充分体现"爱国、敬业、诚信、友善"的价值准则，充分体现中华传统美德。凡是获得"时代楷模"称号的人，都是平凡中见不平凡的人，都是忠实践行社会主义核心价值观的人，也都是具有很强先进性、代表性、时代性和典型性的先进人物。他们的先进事迹厚重感人，其道德情操高尚，影响广泛而深远。

而张玉滚，就是这样的"时代楷模"。他不忘初心，主动放弃在城市工作的机会，扎根深山长达17年，矢志不渝奋斗在乡村教育一线。他爱岗敬业，扎实奋斗。学校师资紧缺，他便潜心钻研每一门课程，苦练教学本领，千方百计上好每一堂课。他无私奉献，热忱服务。寄宿学生多，他学缝衣做饭，学生家庭困难他慷慨解囊，下雨过河，他背着学生一个个到学校，山区不通车，他用扁担把学生教材和学习用品挑进大山，用无怨无悔的坚守和付出照亮山区孩子求学之路。热爱大山，喜欢学生。他将自己原本有条件优越工作的爱人，也带到了黑虎庙小学，一起肩负起乡村教书育人重任。很多孩子承蒙张玉滚教书育人情怀的感染、培育，已纷纷走出大山，有的进城读书，有的考上了研究生，有的供职在他乡，个个有了出息，大步奔往前程。

张玉滚是好样的，是过硬的人民教师。他先后荣获全国优秀教师、全国师德标兵、全国岗位学雷锋标兵等称号。广大干部群众普遍认为，张玉滚为了山区教育事业，甘守清贫、默默耕耘，在大山深处为孩子们点燃知识改变命运的希望，用实际行动生动诠释了社会主义核心价值观，忠诚践行了我们党全心全意为人民服务的根本宗旨，不愧为新时代人民教师的杰出代表和光辉典范。广大教师表示，要深入学习贯彻习近平新时代中国特色社会主义思想和党的十九大精神，以张玉滚为榜样，大力弘扬爱国奋斗精神，潜心教书、用心育人，切实加强师德师风建设，办好人民满意的教育，更好担负起学生健康成长指导者和引路人的责任，努力做党和人民满意的"四有"好老师。

"四有"好老师，是 2014 年 9 月，习近平总书记在视察北京师范大学时提出来的。他强调，今天的学生就是未来实现中华民族伟大复兴中国梦的主力军，广大教师就是打造这支中华民族"梦之队"的筑梦人。打造一支有理想信念、有道德情操、有扎实学识、有仁爱之心的"四有"好老师队伍，是学校办学的重要任务。习近平总书记的重要讲话，为教书育人、尊师重教指明了方向。张玉滚的先进事迹，无疑就是争做"四有"好老师的光辉样板。教育强，则国家强，教育兴，则民族兴。教育不仅关乎个体发展，家庭幸福，还关乎国家强盛，民族复兴。习近平总书记在党的十九大报告中明确指出："建设教育强国是中华民族伟大复兴的基础工程，必须把教育事业放在优先位置，深化教育改革，加快教育现代化，办好人民满意的教育。"

我们要牢记习近平总书记的重要讲话，大力弘扬好中国优良传统——教书育人，尊师重教。在教师节，我们不只是要开展各种表彰和慰问活动，更要浓厚教书育人、尊师重教氛围，帮助那些长期在大山里、在偏远农村从事教育工作的新老教师排忧解难，改善学习、工作、生活条件，让教育强国的基础更加牢固。同时，我们也要发自内心地向时代楷模张玉滚致敬，向全国各地"四有"好老师问好，为争做"四有"好老师的所有城乡的教育工作者加油！

（2018 年 9 月 10 日）

扎根基层教书育人，默默付出不求回报，他一干就是 19 个年头

——张玉滚：大山深处的"灵魂工程师"

□　李金玺

张玉滚：大山深处的"灵魂工程师"

张玉滚，男，1980 年 12 月生。中共党员，2001 年参加工作。现任镇平县高丘镇黑虎庙小学校长。他扎根基层，默默付出不求回报，在大山深处一干就是 19 个年头，为大山里的孩子点亮了希望和未来。先后获得"全国师德标兵""全国教书育人楷模""时代楷模""感动中国十大人物""全国五一劳动奖章"等荣誉。

讲台上的张玉滚
大山的期望 让他扎根基层

在镇平县高丘镇黑虎庙小学，记者见到了张玉滚，很难想象这个满面风霜的憨厚汉子竟然还不到 40 岁。面对记者，张玉滚回想起自己 19 年的从教经历。

"玉滚，泥巴砖头垒个灶台，顶多能用个十年八载。咱们教学生认的每个字，学生们能用一辈子。"2001 年秋季开学之际，黑虎庙小学的学生们因为缺老师面临着要失学的危险，那年张玉滚刚从师范毕业，老校长多次找到他，苦口婆心劝他留下任教。

十三间土坯房，他和老校长一起来到学校，眼前看到的就是当时学校的全部家当。张玉滚开始内心也曾纠结过、斗争过，但看到学校几十年不变的落后条件，看到孩子们渴求知识的眼神，他被深深地触动了，他仿佛看到了自己小时候的模样。难道就因为没有老师，让孩子们小小年纪就失学吗？就这样，21 岁的他成了一名每月拿 30 元钱工资、年底再分 50 公斤粮食的代课教师。得知张玉滚留下的消息后，乡亲们都说，玉滚回来了，娃儿们就有希望了。

默默坚守 用双肩负重前行

困难远比想象中的要多。山上的公路是 2006 年修通的，在此之前，往返于高丘镇和学校之间都只能徒步，一个来回就要花费一整天的时间。一根扁担，就成了唯一的运输工具。

张玉滚告诉记者，记得一年冬天，特别冷，眼看就要开学了，孩子们的书本还在镇上。为了能让孩子们用到新书，凌晨五点，他扛上扁担就出发了，直到中午才赶到镇上。饿了，吃个凉馍，便挑着几十公斤重的教材匆忙往回走。路途遥远，担个空担子还不觉得路有多难走，而几十公斤重的担子一挑，可就费劲多了。一路紧赶慢赶，晚上八点多才走到半山腰。汗水在眉间结成了冰碴，肩膀早已磨肿，脚上水泡连水泡。天黑看不清路，走到一个转弯处时，突然脚下一滑，连人带担子摔了出去。他强忍着疼痛，艰难地爬起来，回头看看身后陡峭的山谷，顿时头晕目眩——幸亏没有掉下悬崖。最后，虽然张玉滚浑身疼痛，却将课本完好无损地带给了孩子们。

辛勤耕耘 点亮孩子的未来

"不耽误一节课，千方百计上好每一课。"由于学校条件艰苦，师资力量不足，张玉滚就把自己打造成了"全能型"老师，语文、数学、英语、品德……他样样精通。

"把学生当成自己的孩子"，张玉滚一心扑在学校。当时，学校没有炊事员，孩子们吃顿热饭都很难，他就劝说妻子放弃镇里的工作和不菲的收入，到学校里义务做饭。外来的青年教师走马灯般流失，学校留不住人，他就劝说大学毕业的侄子从外地辞职，和侄媳妇一起到学校任教。为了资助贫困学生，他挪用了父母种香菇的钱。

为了点亮大山里孩子的未来，他辛勤耕耘，默默奉献，在三尺讲台上一干就是 19 年。这 19 年，他先后教过 500 多名学生，其中 25 人考上大学，还有 1 人考上了研究生。这些大山里走出去的孩子，都活出了与众不同的精彩。如今，学校建起了宽敞明亮的教学楼，教师队伍大大加强，校园面貌焕然一新，这让他的干劲儿更足了。"我愿意用我的生命之火，去照亮山村孩子的未来！"在采访结束时，张玉滚这样告诉记者。

（2020 年 6 月 17 日）